真永是真
Knowledge Feast Lecture

一生必讀的**999**則智慧真理

紅皇后效應
莫菲定律
馬太效應

國家圖書館出版品預行編目資料

馬太效應、莫菲定律、紅皇后效應 / 王晴天著. --
初版. -- 新北市：創見文化出版, 采舍國際有限公司
發行, 2023.4 面；公分--

ISBN 978-986-271-960-2（平裝）

1.CST: 成功法

177.2   112001845

馬太效應、莫菲定律、紅皇后效應

 創見文化・智慧的銳眼

本書採減碳印製流程，
碳足跡追蹤，並使用
優質中性紙（Acid &
Alkali Free）通過綠色
碳中和印刷認證，最
符環保要求。

作者／王晴天

出版者／智慧型立体學習・創見文化

總顧問／王寶玲

總編輯／歐綾纖

主編／蔡靜怡

特約顧問 / 吳宥忠

美術設計／Maya

台灣出版中心／新北市中和區中山路 2 段 366 巷 10 號 10 樓

電話／（02）2248-7896　　　　　　　　傳真／（02）2248-7758

ISBN ／ 978-986-271-960-2

出版日期／2023 年 4 月

全球華文市場總代理／采舍國際有限公司

地址／新北市中和區中山路 2 段 366 巷 10 號 3 樓

電話／（02）8245-8786　　　　　　　　傳真／（02）8245-8718

Introduction

用人生大道理開創新的人生大道
跨時代｜跨領域｜融匯古今｜中西互證

★ ★ ★

　　書是生命的源泉，是人類進步的階梯，而閱讀最大的目的就是想擺脫平庸，然而愛讀書的人都知道，讀書常有兩個困惑：

　　一是書海浩瀚如煙，常常不知從哪裡入手？

　　二是辛苦讀完就忘了，無法內化成自己的知識以備日後運用！

　　快速接收、快速忘記，是我們這個時代的特徵，因此若能精準解讀書中的重要概念，將其變為精神財富，就能「活用知識」、「活出見識」，擴大認知邊界。

　　王晴天大師想以其四十年的人生體驗與感悟，效法孔子有教無類「述而不作」之精神，為您講道理、助您明智開悟！孔子一生致力於古籍的整理，也正因如此，他才有機會接觸到博大深邃的三代理論。他從中汲取到了前人留下的經驗和教訓，並對他們的智慧做出了全面總結，完全體現於其弟子及再傳弟子所著之《論語》一

書，蘊涵著豐富大智慧與人生哲理。

　　王晴天大師作為現代知識的狩獵者，平日極愛閱讀，也熱愛創作，是個飽讀詩書的全方位國寶級大師。雖然主修數理，對文史與學習也有極大興趣，每天晚上11點到凌晨2點，為了鑽研歷史、趨勢新知等社會科學，他不惜犧牲睡眠。勤學之故，家中藏書高達二十五萬冊，博學多聞的他在向先賢們學習時，往往有許多新的感悟，與深刻而獨到的見解。時刻對「知」抱持謙虛的態度與情懷，探詢真理背後的真理，在閱讀並深入研究了數十萬本書後，王晴天大師析出了千百個人生必須要了解與運用的大道理，於是率智慧型立体學習知識服務團隊精選999個真理，彙編逾萬本書的精華內容，打造《真永是真》人生大道叢書，透過廣泛的閱讀和整理，內含數十萬種書之精華，並融入了上萬本書的知識點、古今中外成功人士的智慧經驗，期望能超越《四庫全書》和《永樂大典》，為您的工作、生活、人生「導航」，從而改變命運、實現夢想，成就最好的自己！

　　《永樂大典》和《四庫全書》都是由當朝聲勢最盛的皇帝號召天下之書上繳，集數千人之力完成的宏偉巨著，是國家傾盡全力而成的。

　　《永樂大典》是因明成祖朱棣覺得天下古今的事物分散記載在

各書之中，很不容易查看，便命大學士謝縉組織儒士，編成一部一查便知的大類書。動用朝野上下共2169人編寫，歷時六年編修完畢。

《永樂大典》彙集了古今圖書七八千種，上自先秦，下迄明初，包羅萬象，歷史、文學、書法、科技、醫術、農學、戲曲、軍事等領域無所不包，天文地理，人事名物，幾乎將明朝之前數千年的文化書籍全部歸納在其中，是世界上最早、最宏偉的百科全書。其被《不列顛百科全書》稱之為「世界有史以來最大的百科全書」，正本11095冊，共約3.7億字，保存了14世紀以前中國歷史地理、文學藝術、哲學宗教和百科文獻，顯示了中國古代科學文化的光輝成就。可惜的是，於1900年八國聯軍入侵北京時，慘遭厄運，絕大部分被焚毀、搶奪，已全部不知去向。《永樂大典》現存殘卷的規模已不及原書的4%。

而與之相對的《四庫全書》是中國古代最大的一部官修書，也是中國古代最大的一套叢書。是在乾隆皇帝的主持下，由紀昀等360多位高官、學者編撰，3800多人抄寫，耗時十三年編成的叢書，分經、史、子、集四部，故名四庫。總共收錄了上自先秦、下至清朝乾隆以前2000多年以來的重要書籍3500多種。包括了古代所有的重要著作和科學技術的成就。共有7.9萬卷，3.6萬冊，約8

億字。由於《四庫全書》內容太多，書的數量也太多，抄錄與校對工作成為編書過程中持續時間最長、花費人力物力最多的工作，僅抄書匠就廣招近4000人，參與古籍收集、整理、編輯的官員更是不計其數。

《四庫全書》是中國古代最大的文化工程，對中國古典文化進行了一次最有系統、最全面的總結，中國文、史、哲、理、工、農、醫，幾乎所有的學科都能夠從中找到源頭和血脈。呈現出了中國古典文化的知識體系。《四庫全書》當時共手抄正本七份。因戰火現只剩三套半，而今保存較為完好的一部是文淵閣版本，現藏臺北國立故宮博物院。

《永樂大典》的編排方式類似於現代的百科全書，分類輯錄（摘抄）古代文獻，雖然偶爾也有全文收錄的，更多的是截取，再分類編排。《四庫全書》則是叢書，將文獻整本編入，收錄的都是完整的內容。

由於明成祖朱棣並沒有對《永樂大典》編纂的具體方式和具體內容做過多的限制，所以，《永樂大典》是把自古到當時所有的圖書全面搜集，將相關內容一句、一段或整篇、整部書地摘引抄錄下來，甚至同一事物可以有不同說法也都全部彙編，供人參考。而乾隆皇帝編纂《四庫全書》時借修書之機，把全國的書籍進行了一次

全面、徹底的審查，大量焚毀那些於清朝不利的古籍，並且對於一些涉及到敏感字眼的文章書籍進行大量的篡改。銷毀書籍的總數據統計為一萬三千六百卷。《四庫全書》所保留下來的大部分也都是清朝皇帝乾隆想要讓我們看到的。由此可知《永樂大典》相對來說是比較客觀且包羅萬象。

★ 超越《四庫全書》的「**真永是真**」人生大道叢書 ★

	中華文化瑰寶 清《四庫全書》	當代華文至寶 真永是真人生大道	絕世歷史珍寶 明《永樂大典》
總字數	8 億 **勝**	6 千萬字	3.7 億
冊數	36,304 冊 **勝**	333 冊	11,095 冊
延伸學習	無	視頻＆演講課程 **勝**	無
電子書	有	有 **勝**	無
NFT＆NFR	無	有 **勝**	無
實用性	有些已過時	符合現代應用 **勝**	已失散
叢書完整與可及性	收藏在故宮	完整且隨時可購閱 **勝**	大部分失散
可讀性	艱澀的文言文	現代白話文，易讀易懂 **勝**	深奧古文
國際版權	無	有 **勝**	無
歷史價值	1782 年成書	2023 年出版 **勝** 最晚成書，以現代的視角、觀點撰寫，最符合趨勢應用，後出轉精！	1407 年完成 **勝** 成書時間最早，珍貴的古董典籍。

當代版且更先進四庫全書出版了

然而這兩大經典巨著，一套已大部分遺失，一套珍藏在故宮，不是我們能輕易擁有的。而創見文化與王晴天博士聯手打造的《真

永是真》人生大道叢書，媲美清朝的《四庫全書》，兼顧實用與經濟實惠，人人都能輕鬆擁有！

　　《四庫全書》是中華傳統文化最豐富最完備的集成之作，其收錄先秦到清乾隆前期的眾多古籍，內容多是當時代的歷史、國學古籍，然不夠客觀與宏觀，有些已不合時宜，不符現代人所需與運用，珍藏價值大於實用度。

　　《真永是真》人生大道叢書，將是史上最偉大的知識服務智慧型工程！堪比甚至超越《四庫全書》、《永樂大典》，收錄的是古今通用的道理，談的是現代應用的知識、未來的趨勢……具實用性的人生大道，是跨界整合的知識──涉及了心理學、經濟學、管理學、社會學、賺錢學、創業學……無所不包，以全世界為範疇，古今中外的所有理論、思想為核心，由於當代2億種書無法重複抄錄，所以王晴天大師帶領其編輯團隊及各界專家，抽其各領域精華集結成冊，解決您「沒時間讀書」、「讀書速度很慢」、「讀完就忘」、「抓不到重點」的困擾，教您如何跨領域地活用知識，能應用在生活、學習、工作、事業、管理、人際、溝通等不同面向。除了大家耳熟能詳的經典真理、定律之外，科技新趨、經典書籍、電影等文化資產也會選列，例如內捲漩渦、第一性原理、《塔木德》、《為你朗讀》、Web3.0……等。像是第14個道理將帶領讀者走在世

界最前端，帶您了解「量子糾纏」。2022年10月4日諾貝爾物理獎得主艾斯佩特、柯羅瑟和吉林哲，三位科學家各自進行糾纏光子（entangled photons）實驗，確立可違反貝爾不等式，大力推進量子資訊科學的研究。他們通過開創性實驗，向世人展示研究和控制量子糾纏（quantum entanglement）狀態下的潛力，為量子技術的新時代奠定了基礎，他們的研究不僅證明了愛因斯坦是錯的，還為今天的量子計算、量子通信等科技奠定了基礎。書中除了解析還教你如何應用、如何全方位融會貫通，提升個人軟實力，落實於生活與事業中！

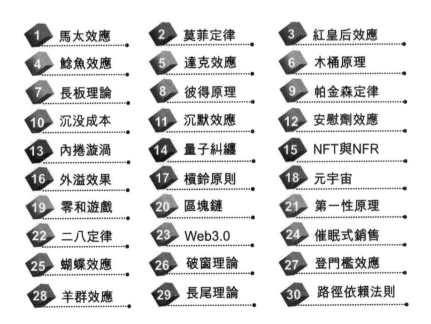

1 馬太效應	2 莫菲定律	3 紅皇后效應
4 鯰魚效應	5 達克效應	6 木桶原理
7 長板理論	8 彼得原理	9 帕金森定律
10 沉沒成本	11 沉默效應	12 安慰劑效應
13 內捲漩渦	14 量子糾纏	15 NFT與NFR
16 外溢效果	17 檳鈴原則	18 元宇宙
19 零和遊戲	20 區塊鏈	21 第一性原理
22 二八定律	23 Web3.0	24 催眠式銷售
25 蝴蝶效應	26 破窗理論	27 登門檻效應
28 羊群效應	29 長尾理論	30 路徑依賴法則

⭐ 把大師請回家‧隨時為您解惑！

　　讀萬卷書，不如行萬里路，行萬里路，不如閱人無數，閱人無數，不如名師指路，名師指路，不如跟隨成功者的腳步，跟隨成功者腳步，不如高人點悟！經過歷史實踐和理論驗證的真知，蘊藏著深奧的道理與大智慧。《真永是真》人生大道叢書，條條

是經典，字字是真理！這套書共有999個真理、333本書，提供您與時俱進、系統化的真智慧！除了有實體書本，每一個真理均搭配書籍、視頻、課程等同步發行NEPCCTIAWSOD。未來還會有專輯式的分類，推出彩色版Mook系列：心理學／經濟學／賺錢學／社會學／管理學／致富學／創業學……等。此外每年的11月晴天大師生日時舉辦「真永是真‧真讀書會」知識型生日趴，除了滿是乾貨的最新應用真理與前端趨勢演講，還能享有免費午茶、蛋糕吃到飽，並廣邀領袖大咖與會，有機會與大咖面對面交流，是您一定不能錯過的知識饗宴！

　　《真永是真》人生大道叢書自2023年～2050年期間，將由四代編輯共同完成，本套書將以電子書、有聲書等各式型態多元完

整保留下來，後人若有興趣、意願改編也可以，王晴天博士已聲明將放棄版權，歡迎後人或機構擴編使其完善！

透過《真永是真》人生大道叢書，在晴天大師的引導下，帶您一次讀通、讀透上千本書籍，助您將學識提升為智慧，解你的知識焦慮症！讓您不僅能「獲取知識」，更提點您「引發思考」，化盲點為轉機，進而「做出改變」，讓您獲得不斷前進的原動力。這套「真永是真」提供您360度全方位學習，保證能為迷航人生提供真確的指引，教您找到人生的方向並建構 π 型人生與斜槓創業賺錢術，從平凡走向超凡的人生大道，面對 AI 新世界，終將無可取代！是值得您傳家・傳世・傳子孫的經典！

邀請您一同追求真理，分享智慧，慧聚財富！

智慧型立体學習・創見文化

用知識換不惑，用真理見真純！

★ ★ ★

　　書是人類智慧的精華，亦是人類將知識代代相傳的工具。然現今資訊更新迅速，書的種類越出越多，出版的速度也越來越快，使得人在浩瀚書海中，難以有效率地找到符合自己需求的知識。這套《真永是真》人生大道叢書因應時代變化、原有思維模式改變而出版，本系列套書集結了王晴天博士的人生經驗和體悟，對於書中歸納的理論，也有與眾不同的詮釋與獨到的見解，他用不一樣的角度來剖析這些真理與定律，發掘更多應用的面向，使得我在閱讀《真永是真》叢書時，腦海中一直閃現亮光，思維變得更加靈活開闊，對於生活的難題以及人生困境，有了新的啟發與披荊斬棘的勇氣。我相信並真摯的推薦，《真永是真》是美好人生的「導航」，是解決問題的百科全書，用知識換不惑，用真理見真純。

　　我與王晴天博士相識已近三十年，對於他的為人，甚為熟稔。

不論是與他商討公司運營事宜、未來方向、私下閒談，博士說起話來滿是金玉良言，字字珠璣，令我如沐春風，受益匪淺。好學不倦的他，總是樂於在書堆中挖掘真理，時常讀書寫作到三更半夜，對於探索知識與智慧的渴望，真可謂狂熱。他涉獵的領域甚多，舉凡數理文史皆難不倒他。上知天文，下知地理，可以說是一位學富五車的當代儒士。他不僅讀萬卷書，更有數十年的人生經歷，其對世界的認識和體悟，何其深廣。這套《真永是真》可謂王晴天博士的學問結晶，它猶如一把鑰匙，為您開啟智慧的大門，知識的殿堂，絕對能幫助現代人解決人生幾乎所有的疑難雜症！

《真永是真》人生大道叢書不但內容完整，有333冊紙本書、電子書，甚至提供Vlog視頻、演講課程，讓讀者能以多元的方式學習現代人應當必懂的真理。書中提及的理論與原則甚多。這些東西看似深奧難懂，其實在生活中隨處可用，隨時可見。「真永是真」結合道理與事例，內容深入淺出，敘述流暢，論證有力，藉由實際又生活化的事例，來印證這些道理的價值與實用性。只要一開始閱讀，就會停不下來，只要開始買一本，就會想要收藏全書系。這魔力般的效應，邀請您一同來體會。

學習是一生之久的事，閱讀更是豐富心靈及拓展思維的最佳

途徑。一本值得閱讀的好書，乃是文字化身的良師益友。《真永是真》套書能帶給讀者知識的亮光，帶領讀者認識世界與人生。甚至可說，這套《真永是真》可讓愚昧人變智慧人，使凡夫俗子變知識份子。這套書亦可讓讀者在瞬息萬變的世代，不斷提升自我、突破思維界線，增加競爭力，成為無可取代的人，成就你自己想要的人生！

智慧型立体學習體系總編輯

歐綾纖

終身學習與世界同步進化

★ ★ ★

　　王晴天董事長是我的第一位老闆，應該也會是唯一的老闆！是我的事業教練、人生導師！跟在王董身邊做事多年，除了學習到出版的專業，還能學習到出版範疇外的新知識、新趨勢與人生大智慧，因為王董是熱愛學習、博學多聞的，對於全球新知總是即時更新，跟著世界同步，例如在ChatGPT剛一推出，他就與我們編輯分享這一軟體應用的利弊。而我們總是常常半夜就能在line或mail收到王董的短文分享或人生感悟。他不僅懂科學數理，對文史地理也瞭若指掌，他對知識的渴求、敏捷的瞬思力、動態思維，令我欽佩不已，其對社會與人生具有獨到且深刻的見解，總是能提出務實又切中要點的建議，稱王董為「活書櫃」，一點也不誇張。

　　「真永是真」一詞是出自張國榮《沉默是金》這首歌歌詞「是錯永不對，真永是真……」，真正有價值的事物，是經得起時間的考驗。值得我們學習的真理，是不會隨時間而改變的，能從古流傳至今。因而王晴天大師有感而發，遂效法孔子有教無類「述而不

作」之精神，親自主持編纂《真永是真》人生大道系列叢書，想以其四十年的所知所學、人生體驗與感悟，將古、今、中、外堪為借鑑與套用的真理、觀念、道理進行「重整」與「再詮釋」，與編輯團隊共同研究、統整、歸納，才有這套集成功學和心理學、社會學、管理學、經濟學、物理學、財富學……等包含各類向領域，釐清讀者的迷茫眩惑，經由知道→學到→得到，為您的工作、生活釋疑解惑，重導人生方向！

　　古代有《四庫全書》及《永樂大典》，現代則有《真永是真》。這三套書皆為知識匯集的結晶，而《真永是真》的內容十分貼近現代社會所需，能夠帶領讀者重新定位生活，找回自我，以「閱讀」探索多元樣貌的世界，從中探求人生與生活的突破口及掌握未來的趨勢。其包括的理論多達999種，例如：馬太效應、莫菲定律、紅皇后效應、蝴蝶效應、二八定律……等流傳百年的真理。另外，《真永是真》用語淺顯易懂，敘述流暢，論證有力，這套書就如一把鑰匙，為您開啟智慧的大門、是您吸收知識、活用知識的最佳解方，本本是經典，冊冊都是新世界，絕對值得您細細品味！

創見文化社長　蔡靜怡

智慧是別人搶不走的寶貴資產

★ ★ ★

知識就是力量！出書則是力量的展現！智慧又是知識的昇華！然而多少曠世鉅著已被大多數人束之高閣？ 偌大的知識體系乏人整理編輯，其強大的知識力也就難以發揮了！所以有系統地出書灌溉了知識與智慧的活水，希望能有更多讀者願意把這套書翻開、買回家、繼續讀！這樣知識就有了生命力！智慧於焉誕生。

智慧為世上最珍貴的東西，別人搶不走的寶貴資產。我在書寫這套叢書時，不時會想起孔子有云：「述而不作，信而好古」。何謂「述而不作」？「述」意指敘述，「不作」則指不創作。「述而不作」即為敘述已存在的真理，而不創造新的理論。事實上，真理是永恆不變的，不會隨著時間變遷而被淘汰。而我寫這套書僅僅是蒐集、整理能應用於當今社會之智慧而已，再現其寶貴與價值。換言之，這套書僅是利用早已存在的道理，來啟發讀者，如此而已。

另外，知識的取得，早已不限於紙本書。隨著科技發展、時代進步，學習的方式與素材也變得更多元，舉凡影音平台、線上講座，皆為吸收知識的途徑。為了符合當今的趨勢，我以NEPCCTIAWSOD為發展方針，盼望以不同的方法，來傳播各種知識，使學習這件事變得更為輕鬆方便。

　　NEPCCTIAWSOD乃若干英文單詞字首字母之縮寫，表示我司提供的知識學習平台：NFT〈N〉、電子書〈E-book〉、紙本書〈Paper〉、簡體書〈China〉、影音說書〈Channel〉、培訓〈Training〉、國際版權〈International〉、有聲書〈Audio book〉、作家〈Writer〉、講師〈Speaker〉、眾籌〈Other people's money〉以及直銷〈Direct Selling〉。藉由多樣化的工具，讓知識能夠被

★ 全球首創NEPCCTIAWSOD同步 ★

NFT&NFR 非同質化通証/權益
Paper 紙本書
Channel 影音說書
International 國際版權
Writer 暢銷書作家
Other People's Something 借力眾籌

NEPCCTIAWSOD

電子書 E-Book
簡體書&版權 China
線上&線下 培訓課程 Training
有聲書/ 網路廣播 Audio book
國際級講師 Speaker
學習型直銷體系 Direct Selling

更多人吸收，不受時空限制，KOD 和 WOD 都能成為最有價值的商品、投資自我的最佳選擇。我希望 NEPCCTIAWSOD 能以知識服務更多華人，讓學習成為潮流，使人享受充實自我之樂趣。若 NEPCCTIAWSOD 能幫助更多人加入多元學習的行列，對我而言，實在與有榮焉。

我由衷希望，這套《真永是真》能帶給讀者幸福、璀璨的人生，並能讓人體認到真理的可貴之處。願《真永是真》套書能成為讀者生命中的明燈。能透過此套書，來與眾讀者分享我的知識與人生經驗，真是一大樂事。我也相當高興，可以出版《真永是真》，為真理的匯集和知識的傳遞，獻上一己之力。

王晴天

於台北上林苑

Part 1　馬太效應　MATTHEW EFFECT

Matthew Effect

MURPHY'S LAW

Part 3 紅皇后效應 RED QUEEN EFFECT

Red Queen Effec

馬太效應

由羅伯特・莫頓（Robert King Merton）

於 1968 年提出

強者越強，弱者越弱；

貧者越貧，富者越富！

視頻連結：https://youtu.be/QITgaAVdaMY

MATTHEW

EFFECT

What & Why

1

「馬太效應」背後的故事

★ ★ ★

馬太效應（Matthew Effect），是指「好的越好，壞的越壞，多的越多，少的越少」的一種兩極分化現象。

在聖經《新約・馬太福音》25：29，有一句：「凡有的還要讓他餘，凡沒有的，連他所有也必奪走。」所表達的是這麼一個故事：

有一位國王要出門遠行，出門前依照三位僕人的能力給了他們銀子。一個給了五千，一個給了二千，一個給了一千，吩咐他們：「你們去做生意，等我回來時，再來見我。」領五千的僕人，利用這筆錢去滾錢，去做貿易買賣，結果賺了五千。領二千的僕人同樣利用這筆錢去滾錢，也照樣賺了二千。另外一位只領了一千銀子的僕人，卻選擇把主人給他的銀子埋在地裡。

國王遠行回來後，召集三位僕人來驗收成果。領五千銀子的僕人說：「主人，您交給我五千銀子，我又多賺回了五千。」主

人說「很好，你是良善又忠心的僕人，我將把我眾多的事情都交由你管理，讓你一同享受同比主人般的快樂。」接著，領二千的僕人說：「主人，您交給我二千銀子，我又賺回了二千。」主人很高興，同樣讚揚了他一番，並承諾將重用他。這時那位領一千銀子的僕人說：「主人，我害怕守不住您的一千銀子，所以我將它埋藏在地裡。請看您的一千銀子在這裡。」主人很生氣地痛罵他一頓，並且拿走他埋在地底的一千銀子，給了那位拿五千又賺五千銀子的僕人。並且說：「凡是少的，就連他所有的，也要奪過來。凡是多的，還要給他，叫他多多益善。」

有賺錢的兩個僕人受到讚賞、第三名僕人則受到責罵。原來的喻意是要人珍惜資源，後來演變成「富者越富、貧者越貧」的現象。這就是馬太效應。也反應了當今社會中存在的一個普遍現象，即贏者通吃。

故事中的三名僕人原先的差距是不大的，到最後卻相差懸殊。最終差距的形成我們可以分兩個階段來看。第一個階段是國王回來前，他們各自去做生意，這時的差距是他們自身的因素（如努力、性格、見識）造成的；第二個階段是國王回來後，國王對他們進行獎懲，這時的差距是外界原因造成的。

而這個第二階段的外界因素影響則是建立在第一階段的結果上，而第一階段的結果又取決於當事人自身的因素，所以開始時

馬太效應

莫菲定律

紅皇后效應

自身因素的一點小差異導致了後來的差異，再後來，差異進一步拉大，連鎖反應導致馬太效應的產生。

「馬太效應」是由1968年美國科學史研究者羅伯特・莫頓（Robert K.Merton）所提出，他發現：科學獎項總是頒給那些最有名的科學家；有貢獻但名氣小一點的科學家，卻什麼都分不到。所以提出「馬太效應」來解釋這種「錦上添花」的社會心理現象。

「相對於那些不知名的研究者，聲名顯赫的科學家通常得到更多的聲望，即使他們的成就是相似的，同樣地，在同一個專案上，聲譽通常給予那些已經出名的研究者，例如，一個獎項幾乎總是授予最資深的研究者，即使所有工作都是一個研究生完成的。」羅伯特・莫頓用這段話概括了現今社會上存在的一個普遍現象。

莫頓將「馬太效應」歸納為：任何個體、群體或地區，一旦在某一個方面（如金錢、名譽、地位等）獲得成功和進步，就會產生一種累積優勢，而有更多的機會取得更大的成功和進步。

社會學家從中引申，用「馬太效應」來描述社會生活中普遍存在的兩極化現象。而經濟學界更是用來反映「貧者越貧，富者越富，贏家通吃」的收入分配不公現象。

馬太效應對於領先者來說就是一種優勢的累積，當你已經

取得一定成功後，就更容易取得更大的成功。強者會更強，弱者反而更弱。一個人如果獲得了成功，什麼好事都會找到他頭上，將有更多的機會取得更大的成功。如果你不想在所在的領域被打敗的話，你就要成為某一領域的領頭羊，並且不斷地擴大你的優勢。當你成為領頭羊之後，即便你的投資報酬率相同，你也能更輕易地獲得比弱小的同業更大的收益。

馬太效應

莫菲定律

紅皇后效應

與其等待拐點，不如創造拐點

你想突破馬太效應，走向正循環嗎？你想成為強者越強中的強者嗎？
「馬太效應」說：每一次成功都將為下一次成功創造更好的機遇。
勝利會增加你的資源，增加再次獲勝的可能性，
因為成功會像滾雪球一樣越滾越大。
一步領先，步步領先；你的成功拐點和突破口，就是——
成為名人／專家／權威領袖！
出一本書／成為國際級講師，
就是你躍進強者階層的最短捷徑！

國際級講師培訓班

出書出版班

What & Why

2

強者越強，弱者越弱

★ ★ ★

社會學家羅伯特・莫頓（Robert Merton）將貧者越貧、富者越富的現象稱為「馬太效應」，揭示了這個世界中真實而殘酷的一面：任何群體、個人或地區，一旦在某一方面獲得成功或進步，產生累積優勢，就有更多的機會獲得更大的成功和進步，也就是說成功是有倍增效應的。

馬太效應也處處充斥在你我的生活當中，如 Uber 來了，計程車少了；「foodpanda」來了，到餐廳吃飯的人少了……。外出用餐，一家餐廳門庭若市還要排隊，另外一家餐廳，你進去立刻就能點餐，因為店內空位還很多，你會選哪家餐廳，自然是選要排隊的。

幾千年來，幾乎在所有領域我們都可以看到這個效應，如財富都集中到少數人手裡，有錢的越有錢，窮人越來越窮。所謂強者越強，弱者越弱，是說一個人如果獲得了成功，什麼好事都

會降臨到他身上。好的會越來越好，壞的會越來越壞；多的會越來越多，少的會越來越少。運動比賽也是如此，一開始的小小優勢會累積成最後的贏者全拿。在《異數：超凡與平凡的界線在哪裡？》一書中，作者Malcolm Gladwell提到了一個關於馬太效應的例子，書中提到：在加拿大非常盛行曲棍球運動，為什麼在同一個年齡層的運動員中，1、2、3月出生的運動員比起在10、11、12月出生的運動員有著更大的優勢。因為同一個年齡層的運動員會在一起練習，年頭出生的學生當然比年尾出生的同學體能、體格都比較好，比較容易勝出，而當選為選手後比賽及練習的機會多，技術就越來越好，而教練也會因為他們更優越的表現而重視他們，而月份晚出生的運動員則會更加被忽視，導致的結果就是生日月份在前的運動員有著更加優秀的表現，所以最後能勝出的自然都是年頭出生的運動員。這無疑是馬太效應的經典案例。

　　有兩位同時從某大學畢業的年輕人，第一位是甲君、第二位是乙君，兩人在同一家公司工作一年後，甲君因為得到主管的賞識，因此被派送去接受某種專業技能訓練，而乙君則仍留在工作崗位上繼續做自己原本的工作，奇妙的變化就從這時候悄悄開始發生了，甲君從此在工作與職務歷練的成長快速晉升，薪資所得也以倍增的方式在增加，沒幾年甲君個人的成長早已超越了乙君好幾十倍，最後還成了乙君的主管，而相較於乙君整體的成長跟

馬太效應

莫菲定律

紅皇后效應

開始時的自己來做比較幾乎是停留在原地；這兩人之間的變化就是所謂的「馬太效應」所造成的。

某個行業或產業的產品或服務，品牌知名度越大，品牌的價值越高，其忠實的消費者就越多，其市場佔有率就越大。反之，某個行業或產業的產品或服務，品牌知名度越小，品牌價值越低，其忠實的消費者就越少，市場佔有率就會日益縮小，導致利潤縮減，最終被市場淘汰。

為什麼貧者越貧，富者越富，因為有錢人，他有資源，整個社會的資源會向已經有資源的人集中，產生一種向心力，能累積更多的優勢，就會有更多的機會，就更容易成功。反之則會離心力越來越強，失去更多的機會。就像富裕家庭有好的資源，因而後代可以精英輩出，而貧窮家庭卻陷入低收入陷阱。試問：當你有一筆巨額資金想找人操盤，你會找名不經傳的理專，還是巴菲特，自然巴菲特是你的首選。

了解了馬太效應，我們明白原來這個世界的普遍規律是強者越強，弱者越弱，很多情況下失敗的人只會更失敗，成功才能孕育下一次成功；累積資源後所造成的差距是極為快速的。所以，記住「馬太效應」所說的：「強者越強、弱者越弱。」無論你現在從事著什麼職業，不管你現在還是一名學生、初入職場的新人，還是努力奮鬥的創業者，如果你周圍都是馬太效應中的「強

者」，而自己卻只是個無名小輩，你就要努力跨出艱難的第一步，進入馬太效應的良性循環。在獲得某一個成功後，會慢慢一步步累積資源，最後取得更大的成功。也就是說，你必須努力累積第一個大的成功，才能進入成功孕育成功的良性軌道。

消極作用與積極作用

「馬太效應」為社會帶來了消極作用與積極作用。

其消極作用是：名人與小人物同樣做出好成績，前者往往能得到上級表揚，記者採訪，求教者和訪問者、各式褒揚獎勵接踵而至，一時聲名大噪，而這也會使某些人一時被名利沖昏頭，沒有清醒地自我認識而居功自傲；而無名的小人物則無人問津，甚至還會遭受莫名的非難和妒忌。

在學校教育中，「馬太效應」的作用是消極的。例如，一名品學兼優的好學生，校長、主任稱讚他，班導更是經常表揚，在家中也倍受寵愛，如此優越的成長環境，帶給他的不見得都是好事。

因為他的同學少不了在背後耳語：「老師就想著他一個，什麼好處都是他的。」「老師就誇他能力強，經常出風頭，能力能不強嗎？他就沒有缺點嗎？但老師就是偏心他。」等等，這類事

情在學校很常見，如果不留意這種「馬太效應」，必然會造成只重視和培養少數頂尖學生，而忽視了大多數學生，導致學生間的分化與對立。所以，老師對於後段差生，還是要積極發掘他們身上的閃光點。要建立「手心手背都是肉」一視同仁的教育觀念，擺脫「馬太效應」的誤區。

馬太效應的積極作用在於，其所產生的「榮譽追加」和「榮譽終身」等現象，對無名者有巨大的吸引力，能砥礪和刺激那些無名小輩去奮鬥。讓我們明白找到成功的起點和突破口，就能進入成功的良性循環，是一個教你如何真正改變命運的效應。

強者會因為犯錯、大環境的改變或是弱者創新成功，而失去優勢。弱者會因為掌握資源、懂得利用，而擁有優勢。細數、利用自己已經擁有的資源，把握每個會讓我們進步的機會，因為不管是握有大資源還是小資源，只要想辦法讓自己增值，終有一天會有翻身的機會。此外還要小心馬太效應的負面影響，因為在負面情況下，馬太效應也極其有效，壞的也會更壞，任何問題都可能將你扯進更大的問題。要認識到任何行為（不管它多麼微小）都不是獨立的，都會造成連鎖反應，一顆滾動的石子可能引發一場雪崩。我們應時時提醒自己：我正在滾一個成功的雪球，而不是一個失敗的。而要做一件正確的事，你就必須有一個正確的開始。

What & Why

有錢的人為什麼越來越有錢？

★ ★ ★

現代社會中的貧富差距為什麼這麼大？有錢人越來越有錢，而窮人越來越窮？甚至會認為有些有錢人沒做什麼，就輕輕鬆鬆獲得了更多的財富，而那些窮人辛苦工作，卻無法擺脫潦倒。當你還是學生的時候，你也會發現類似的現象。學習好的學生成績會越來越好，學習差的學生成績卻會一落千丈，即使這些差生曾經想方設法提高成績，但結果總是不盡人意。

1980年，一名農村孩子考上了中國北大，鄰里鄉親都以他為榮。可他到了北京之後才發現：自己沒讀過課外書，跟不上同學的聊天話題……除了做農活很厲害，他一樣技能都拿不出手。而就是這樣一名農家子弟，他創辦了第一家在美國上市的中國教育機構，入選了「中國最具影響力的50位商業領袖」，他就是俞敏洪。

可是，如果俞敏洪再晚生幾年會怎樣？

馬太效應

莫菲定律

紅皇后效應

　　近三十年來在資本挾著自由之名席捲全球之下，資本回報率已經大於經濟的成長率，這將導致社會財富向少數人聚集。也就是說，越有錢收入成長越快！

　　有許多學者發現，隨著財富集中於新的資產階層，已將貧窮者往上流動的可能性阻斷了。

　　目前高等教育的考試題目與選拔方式，讓學習資源不足的貧窮人家，毫無翻身機會。比如說，現在的考題很靈活，已經無法靠死背強記課本知識就能考滿分，也就是說，家境貧窮單靠苦讀與一本參考書就能考高分上頂尖大學，翻轉命運的機會就此消失！

　　2012年中國有一篇研究報告《無聲的革命：北京大學與蘇州大學學生社會來源研究（1952-2002）》。這份報告研究50年數據，得出了一個令人意外的結論── 90年代後，考上北大的精英子弟比例快速攀升，這些社會精英只佔全社會人口的1.7%，卻有40%的北大學生誕生於這樣的精英家庭。說明了寒門子弟進名校的通道正變得越來越窄。80年代中後期是農家子弟用知識改變命運的黃金時代，三成以上的北大學子出自寒門；而到2000年之後，考上北大的農村子弟就僅佔一成多。

貧困的惡性循環

　　為什麼有錢人越來越有錢呢？因為社會資訊和資源。有錢人擁有資金，投資基金、股票就可以賺錢；聰明人也因為考上一流大學，畢業後更容易找到好工作。由於富人和窮人是身處不同的圈子，所接收到的是不同的資訊和信息。有錢的人有很多優質朋友，這能使他繼續結交更多的人；他的錢也可以讓他享有更多的社會資源，通常能享受到更好的教育和發展機會。而沒錢的人，他們的父輩沒留下什麼，幾乎是從零開始拼搏，從小結交的朋友可能也只會是泛泛之輩。富者掌握著更多的資源，利用已有資源創造更多資源，而窮者擁有的資源較少，再創造的資源也較少。在一個整體上升的環境中，差距則越拉越大。往往是一般市井小民正要興沖沖進股市衝一波的時候，先行者就已經慢慢退場。世上並沒有真正的股神，只是信息的來源管道不同罷了。而窮者因資訊相對閉塞，經濟條件有限，比富者更缺乏發展機遇，也就因此導致了「好的越好，壞的越壞」。

　　窮人為什麼窮？貧窮所造成的壓力一旦大到一個程度，會讓窮人只剩下窮，其他一無所有，沒有時間，沒有精力，隨時都深陷各種干擾而無法掙脫，完全無法改變什麼。印證了馬太效應所說壞的越壞、少的越少，導致了貧困循環。

馬太效應

莫菲定律

紅皇后效應

我們都知道弱肉強食、優勝劣敗是自然法則。貧困的一個重要原因是窮人本身素質相對低下，如知識水準、努力程度等。而自身的貧困反過來又讓窮人及其後代缺少提高自身素質的能力和沒有奮鬥努力的目標，於是就造成了窮人越來越窮的惡性循環。

★ 越有錢，收入成長越快！

你是否發現一個現象：窮人偏愛存錢，富人偏愛貸款，結果窮人越來越窮，富人越來越富！相對來說，富人比窮人更容易貸款，因為富人有錢，有資產，有企業，能將資產進行抵押，更易從銀行獲得貸款。更關鍵的是富人知道的投資項目還更多一些，富人拿著貸款去投資這些投資項目，就可能獲得更大的收益，讓自己獲得更多的財富。

如果一個人想要向銀行借錢，他就必須證明自己很有錢，然後銀行才會評估是否要貸款給他，但富人本來就很有錢了，根本就不需要向銀行借錢，這不是很令人匪夷所思嗎？因為窮人才會需要借錢，不是嗎？當你要向銀行借錢時，就必須向銀行證明你不是窮人，你要附上你的資產證明、財力證明、月收入證明……等等，令人奇怪的是，如果你有這麼多證明，那你還需要借錢嗎？深入一想，是不是挺可笑的呢？

之前螞蟻金服要IPO上市，結果又暫緩，為什麼呢？因為馬雲批評了中國的國營銀行，說你們這些中國的國營銀行都跟當鋪一樣（貸款要有一些證明或抵押）。意思就是他的螞蟻金服要開始改革，要突破當鋪思維，結果就被高層關切，螞蟻金服的IPO就被暫緩了。

銀行為了資金安全和收益的考量，反而更願意把錢借給富人，富人不僅容易借到錢，而且成本還相對地低。

不管是規模多大的企業集團，再有錢的企業，當這些組織要發展更偉大的生意、更高端的項目時，還是會有資金需求。台灣早期最有錢的家族是王永慶家族，當年台塑企業在雲林縣麥寮鄉設立台灣第六座輕油裂解廠，簡稱「六輕」，也是台灣第一座民營輕油裂解廠。當時向銀行貸款了八千億，所以現在台塑石油是唯一可以和中油抗衡的。可見台塑再怎麼有錢，還是要向銀行借錢，因為六輕是用「填海造陸」的方式興建的，填海造地並不是一項簡單工程，必須先要把預定建廠的海域，用丟大石塊到海底當地基的方式，建構一道圍堤，然後用抽砂船到合法的海域抽取海砂，填入圍堤內，再做補強工事，創造出海埔新生地。六輕填海造地的填砂量約10,915萬立方米，填砂量相當於可在基隆至高雄長達373公里的高速公路上，填築八個車道寬的路面達三層樓高。這樣浩大的工程自然需要很多資金，於是向銀行貸款了

八千億，而且利息還很低，為什麼銀行給台塑的利息很低呢？因為他是王永慶。也就是說銀行願意貸，富人願意借，金錢自然就流向了富人。

富人們的投資思維是「錢生錢」，利用風險評估，進行貸款和項目投資。富人因為擁有各界的人脈與各式的資源，能接觸到更多的投資機會，而金融機構對他們貸款的利息也十分低廉。因此能槓桿出財富效應，而這些槓桿出的財富又為他們帶來更多不一樣的人脈與機會，可以槓桿出更大的一桶金，如此不斷重複循環。企業也是一樣。蘋果公司帳上有二千四百多億美元的現金，卻仍然向銀行借了五百多億。而金融機構還爭相提供貸款，利息大約僅略高於美國一年期國債的利率水平。像這樣借錢幾乎不要利息的情況，何樂而不為？

而窮人、普通人想貸款的難度是比較大的，更關鍵的是他們可能也不知道可以投資什麼項目，也缺乏眼界和機會，也就沒有貸款的動機。

窮人因為擁有的太少，而無法槓桿；又因為害怕失去，緊捏手頭僅有的資源，導致手上的資源無法流通，自身無法精進而沒有翻身的條件。舉例來說，現在給窮人與富人各十萬元，窮人會緊緊握住好不容易獲得的意外之財，就像聖經中第三個僕人一樣，富人則會將錢拿出來運用，以錢滾錢。馬太效應揭示了富人

的生財之道：只有使用金錢，才能實現財富增值。

　　窮人因財富的匱乏而缺乏安全感，只能通過落後的理財方式來維持生存，屬於風險迴避型，因為他們的收入不高、存款不多，對可能造成他們經濟損失的產品持迴避態度，寧願100%確保收益，也不願意承擔1%的虧損，所以都把錢存到銀行裡。他們喜歡存錢，一方面是生活所迫，不得已而為之；不是他們不想花錢，而是沒錢花、不敢花。另一方面，也正好反映出他們與「富人」從思維方式到理財觀念上的不同。

　　若是處在貨幣寬鬆政策之下，由於利率低，使得窮人存款利息更低，但富人的貸款成本低，所以會積極投資一堆資產，每個資產價格都持續往天上漲，隨著資產價格膨脹，貧富的差距就更大了。

　　對於房屋貸款，有些人為了少付銀行利息而少貸款；有些人不僅僅要貸足，之後還會將房屋抵押再次貸款。這是因為銀行的房貸利息是所有貸款利息中最低的。頂新集團魏家購買帝寶豪宅時，貸款成數高達99%，僅自付1%。因為頂新集團是有錢人，所以能貸得到99%，如果是一般民眾，最多就只能貸七成，為什麼有錢人已經這麼有錢，怎麼還要貸款呢？因為貸款利息非常低，貸款利率只有2%，有的甚至不到1.5%。他只要把原本要用來買房的那筆資金拿去做生意或投資項目，輕輕鬆鬆就能賺回這

馬太效應

莫菲定律

紅皇后效應

個利息錢，甚至是很多倍，又變得更有錢。現在明白了嗎？有錢人都是這樣子運作資金的。

告訴各位一個秘密，你現在數得出的有錢人都是白手起家，為什麼他們可以一夜之間，或是運作幾天，就能弄到幾十億、幾百億、幾千億，這是怎麼辦到的呢？答案就是資產負債同時增加。

你不可能只增加資產，而負債就是向銀行借錢，所以所有的有錢人都是資產負債同時增加，你只要不是向地下錢莊借錢，而是向銀行透過正常的房貸，借正常的利息，就有本事賺好幾倍，一下子變成有錢人，開始翻轉馬太效應。馬太效應有兩邊，一邊叫弱循環；一邊叫強循環，你就是要進入強者的循環。

投資財富的累積猶如滾雪球，在同樣的速度下，雪球越大體積成長越快。此外，地價越拍越高，房子越漲越搶手，越搶手就漲得越高。在股市、房市狂潮中，最賺的總是那些大戶，因為他們投入的資金多、得到的消息資訊最早也最及時，而最賠的總是散戶。於是漸漸地普羅大眾、市井小民的金錢，就是這樣到少數人群手中，進一步加劇貧富差距。

⭐ 擁有豐富資源者將擁有更多的資源

每個人都是一個獨立的個體，每個人都有自己所處的狀態，包括自身的能力、目前在什麼樣的職位……等。而每個人目前的狀態，又能帶來不同的機會與資源。每個獨立的個體所帶來的機會與資源，也會有巨大的差距。舉例來說，如果你是一名高階主管，或公司經營者，你能動用的資源肯定是比較多的；但如果你只是一名普通上班族，那麼你能用的資源就挺少的。

有人將一個人的人生成就用公式來呈現：

$$人生成就 = (S+R) * a^2$$

S：個人現狀　　R：現狀帶來的機會與資源　　a：大量重複動作

每個人的現狀都是動態的，可能你因為做了一件事而立即改變你的現狀，例如結婚、升遷、離職………等等。而個人現狀與現狀所帶來的機會與資源是密切的連動關係的。當一個人想往上晉升時，就必須改變他的個人現狀，其個人現狀是否變好了，端看他能動用的資源是否變多了。換句話說，改變個人現狀的同時，我們也在改變自己所擁有的機會與資源。

舉例來說，一樣是普通上班族的兩個人，一位是一下班後不是和朋友聚餐就是回家刷劇、玩電動；另一位是下班後會經營

馬太效應

莫菲定律

紅皇后效應

一個關於業務的臉書粉絲團或是去參加一些課程。試想，半年後這兩個人會不會有所差距呢？當然有，有在經營臉書並持續學習者，就多了粉絲團的資源，提升了自己的知名度。

李強大學畢業後找到了一份工作，他非常珍惜這份工作。與他同時進公司的還有Jack，Jack雖然能力也行，但整天油嘴滑舌的，經常和同事們說說笑笑，有時還一起出去吃吃喝喝。

李強對Jack作派很不以為然，在他看來，只要做好自己的工作就行了，別的都不重要。Jack跟他開玩笑他也不搭理，Jack拉他跟同事們一起出去玩，他也不去。有時，李強看見同事們都圍著Jack玩鬧，也都躲得遠遠的。

有一天，李強的部門分配了大量的任務，光靠他個人的能力，根本沒有辦法在規定時間內完成，而Jack卻有辦法招呼同事們幫他做，李強卻一個人「孤軍奮戰」。結果Jack按時完成了，李強雖然通宵達旦地工作，還是無法按時地完成任務。

後來，Jack提升為部門主管，李強非常不服氣，為此負氣辭職了。有著良好人脈資源的Jack，很自然地掌握了更多的資源，能夠完成更多難以完成的工作。

假如你是巴菲特，你身邊有一大堆資源可以用，光是你身邊的資產就有數百億美元可以動用。由於你擁有的專業知識，你可以透過大量資產來幫助自己賺取更多財富，而你只要不斷重複這

個動作，你的財富就會不斷累積。

　　你要往好的方向走，越走越好呢？還是要朝沒有任何機會與資源的方向走，越走越差，完全取決於個人現狀與個人現狀所能帶來的機會與資源。當然，還有很重要的一點，那就是你必須重複不斷做著你目前正在做的事，長期大量主義也是！

　　個人現狀是動態的，隨時都在變，甚至可能每幾天就變動一下。你可能因為出了一本書，立即改變了你的個人現狀，你可能因為這本書而得到了版稅收入、更多的名聲，你因此成了專家，就有人來主動來找你合作，邀你去演講，吳宥忠老師就是個例子，原本他和你我都一樣是個平凡人，他因為學習區塊鏈，在這一領域深耕經營，除了出書，他還辦相關課程，所以有人邀他去馬來西亞講區塊鏈、NFT……，如今在幣圈、在區塊鏈每個人都知道他，因為他已經是個咖了，這就是馬太效應。當你成為一個「咖」之後，大家就會跑來找你，依附在你身上，最後你就會變得很強。

What & Why

4

贏家全拿

★ ★ ★

　　「馬太效應」造成贏家全拿的現象。勝利者可以獲得全部的資源和聲望，失敗者則什麼都沒有。全世界10%左右的人掌握了80%的財富。全球前10大富豪的總財產，超過全球最窮的49個國家國民生產毛額總值。生活中這種現象更是常見，知名作家、明星的稿約、戲約不斷；沒沒無聞的作家、小明星則是連投稿、試鏡都會被退。補習班名師開的班是班班爆滿，一位難求，沒名氣的補習班老師就很冷清沒什麼學生……「大者恆大、贏家通吃」的道理在我們日常生活與周遭幾乎時常可見，可能幾個成功的關鍵點就會造成自己跟對手之間的差異性，在職場裡很多人往往輕忽這些成功的關鍵要素，結果跟他人之間的差距越拉越大，等到有天一天猛然驚覺發現時，這才懊惱一切都已經太遲了，因為「馬太效應」的累積速度不是相加、也不是相乘，而是次方！

　　馬太效應扶旺不扶衰，用更庶民的說法，就是「寧可錦上添

花，也不雪中送炭」。這個理論，常常被經濟學者借用，用來解釋在競爭中，「贏家通吃（winner takes all）」的經濟分配現象。

⭐ 贏者全拿的選舉制度

我們先來透過美國的選舉制度來了解一下什麼是「贏者全拿」的概念。美國總統大選並非直接民選，而是採取「選舉人團制度」。美國共有538張選舉人票，候選人只要得到超過半數，也就是270以上的選舉人票就可贏得大選，各州的選舉人票數等於各州參、眾議員的席次總和。而由於各州眾議員的席次是由人口多寡決定，而不是面積大就是大州，所以人口最多的加州就擁有55張選舉人票，人口少的阿拉斯加州則只有3票。

「贏者全拿」制度，即某候選人在該州贏得最多選票，就能獲得全部選舉人票。美國每一個州，英文叫States，每個States是一個準國家的概念，意思就是你這個州能決定要支持誰當總統，所以每個州都要先辦選舉，問這個州的全體合格公民要支持誰當總統，若是這一州的民意投票結果是：華盛頓佔了51％；王晴天佔49％，就代表這個州是支持華盛頓的，所以這個州的全部選舉人票，就支持華盛頓，就是所謂的選舉人票。全美除了緬因州和內布拉斯加州，其他州都採「贏者全拿」模式，也就是

馬太效應

莫菲定律

紅皇后效應

045

不管兩大候選人票數差距或大或小，只要在該州領先的候選人，就可以拿到這個州全部的選舉人票。也就是說如果有一名總統候選人，他在很多州都是險勝51%，卻在某幾個州大敗，得票只有5%、10%……，這將導致什麼結果呢？就是他的總票數比較少，可是他卻當選了總統。

歷史上已經發生好幾次候選人的總普選票數比較多，但是得到的選舉人票反而比較少，而輸了選舉。如2016年的川普對上希拉蕊，2000年小布希對上民主黨的高爾均是。

⭐ 大者恆大的世界

講到搜尋引擎，大家第一個想到的就是Google，在非洲Google已經變成了搜尋的代名詞了，為什麼？因為它最早做而且做得最好，所以變成贏家通吃。當人們想要知道某些知識，想了解什麼，朋友就會說：「關於這個問題你去Google一下」，在中國他們會說：「關於這個問題，你去百度一下。」

「網路效應」促使很多市場出現「大者恆大」的現象。網路世界沒有第二名，只有贏者通吃。在每一個類別裡，纏鬥到最後、能獨占到最後，並獨占鰲頭的，往往只有一個品牌。上一代的社群網站是Facebook獨大，搜索引擎則由Google囊括九成

的市占。在電子商務領域，Amazon 幾乎沒有敵手；談到在線看片，NETFLIX 也遙遙領先。所謂「網路效應」是指一家公司的產品或服務，會隨著使用的人數增加，創造出更多的價值，進而吸引更多使用者。當使用的人越來越多，會形成一種群聚效應。也就是說，當身邊很多人都在使用，或是媒體不斷報導，會吸引更多的人使用，成就產品在市場難以取代的地位。所以，你變得很強，然後又比別人早、比別人快，你就能贏家通吃，在很小的領域，如果你是第一個開發者，你就能贏者通吃。

　　螞蟻金服總共才花十幾年時間就成為全世界市值最高的公司，它到底靠什麼，答案就是訊息、資訊流。螞蟻金服是怎麼來的，這就要從支付寶談起，早年馬雲開始做淘寶時，遇到的大問題是：當買家向賣家買東西時，是店家先將商品寄給買家呢？還是買家先付款給賣家，因為雙方都是首次交易，彼此充滿了不信任感：如果我先付款了，萬一賣家沒有寄來產品，那該怎麼辦？若賣家先發貨過來，萬一買家收到貨，卻不付款，又該如何？因此馬雲就推出了支付寶，其功能就是類似銀行的信用狀，國際貿易的時候買賣雙方都是透過開立信用狀來交易，就跟支付寶一樣，買方先把錢放到支付寶，因為支付寶是公正的第三方，賣家再把商品寄出，等買家確定收到貨，商品沒有問題後，支付寶再把錢支付給賣家。後來又因為購買商品都要逐一付款，一筆

馬太效應

莫菲定律

紅皇后效應

一筆地轉帳,實在挺不方便的,不如一次先轉3000元到支付寶裡,再逐一扣款,而你先轉到支付寶的這筆錢,在還沒有買東西之前,也會支付你利息,於是支付寶就又發展出了「餘額寶」,你在支付寶的餘額也會有利息收入,而且利息比銀行還高,因為它不是銀行,不受銀行法律管制。後來馬雲依托支付寶整合金融業務,就變成現在的螞蟻金服,螞蟻金服以支付寶起家,推出餘額寶貨幣基金餘額理財,依靠行動網路、大數據、雲計算為基礎發展,目前已是一家同時擁有支付、基金、理財、保險、銀行、徵信、眾籌、消費金融、農村金融、貸款、證券的互聯網金融巨頭,成了大陸最大的銀行,存款竟有七八千億之多,基本上傳統金融領域能做的,它都可以做了!

如今的世界比的是資訊,在資源累積之後,造成的差異是非常非常巨大的。螞蟻金服之所以市值立刻衝到全世界最大,答案就是它掌握了所有交易的數據,因為螞蟻金服和淘寶、天貓、阿里巴巴是一個集團的,他們享有大數據,就是什麼人在什麼時間買了什麼東西花了多少錢,全都會被系統記錄下來。讓資金流與物流、資料流構成整個帝國的高速公路網路,以支付寶為核心建立一個服務於各類交易的金融生態系統,倒逼傳統的金融機構服務於這個系統並成為其中的一部分。

科技的影響讓網路巨頭大者恆大,並且開始壟斷市場,但是

這個壟斷是自然壟斷。

科技的進步使人類有了處理大量數據的技術，所以你一定要藉由網路掌握訊息，當越多人使用產品，公司就能取得更多的資料，使產品變得更「聰明」，能更準確地命中使用者的需求，增加使用者繼續使用的意願，公司便可再從使用者端收集到更多的資料，形成一個良性循環。在快速收集使用者的資料，並即時做出更能滿足使用者需求的調整，日積月累下來，便很難被競爭者取代，因為沒有人能比這個產品更了解並契合使用者的需求。

無論是透過現有用戶所貢獻的內容，吸引更多用戶加入，或是利用使用者所提供的資料，調整成最契合市場需求的產品，都是無形之中築起一道很高的門檻，讓後來的對手難以與之抗衡，成就「大者恆大」。

新經濟的遊戲規則是大者恆大！高科技產業的競爭，擁有廣泛市場占有率和顧客認同，就意味擁有強大的議價和制定規格能力，就能在最後勝出，如蘋果、台積電。就全球半導體產業資本密集競賽態勢，台積電正是大者恆大與贏者全拿最好的例子。張忠謀早期就一針見血地指出：行業中必須做到「領袖」才可以生存。還曾說過一則寓言故事：有兩個人在森林裡遇到熊，第一個人拔腿就跑，第二個人則緊跟在後面，並問第一個人說：「終究跑不過熊，何必費力？」跑在前頭的那就人就回答說：「我只要

跑贏你就好。」這個故事說明了一個道理，儘管先進製程鉅額投資的競爭壓力重，但台積電在成本管控和效率跑贏對手，就能勝出。

　　個人發展也是如此。如果我們問誰打籃球最厲害，大家都會說是喬丹。但是卻很少有人深思這樣一個問題：在能力上第一比第十能強過幾十倍嗎？其實並不是，喬丹的才華並沒有比其他優秀球員強幾十倍，但是他的收入卻是其他優秀球員的幾十倍。一名在知名商業諮詢機構擔任顧問的教授，其職位比另一位同事高了兩級，但是他得到的報酬卻是他同事的十倍。難道他真的就比他的同事能幹十倍嗎？當然不是。這就是贏家通吃的殘酷現實。

　　為什麼台積電能夠穩坐市場龍頭？關鍵在於先進製程的「良率」。良率關係到毛利率，如果無法有效提高良率，損耗掉不能使用的部分也都得算入生產成本，壓縮了獲利空間。而以良率著稱的台積電，同時因為全心投入代工研發，引領研發的先驅身份也是其在市場上獨占鰲頭的優勢。而良率跟研發優勢，在於長時間地投入研發成本與調整優化。

　　生產晶圓，最講究的莫過於精密度。台積電最先進製程的線寬僅 3 奈米，大約是人類頭髮的十萬分之一，單憑人力無法完成，擴大產能的唯一辦法就是購買大量設備，方能同時達成夠高的精密度、夠大的產能。然而半導體設備製造門檻高，單價非常

昂貴，動輒幾億元台幣，由於每一種半導體設備研發必須對光、電、化學、機械等領域有深入理解與研發能力，每個領域都需要投入大量人力與資金研發，這導致半導體設備資金門檻極高。以應用材料為例，每年光是研發費用就達600億台幣，比台灣95%上市櫃公司的年營收還高。再加上晶圓製程投片的光罩費用越趨昂貴，晶圓代工成本不斷漲價，已非小型IC設計廠所能負擔，導致晶圓製造產業大者恆大成為趨勢，資金不足的中小企業難以和有錢的大廠競爭。此外，長時間累積的人才（台灣工程師CP值高）、技術、數據等知識面的資產，加上設備、產線、客戶群等生產面的基礎，已經落後的對手想要介入市場，就算投入加倍以上的心力都不一定能追得上。

★ 為什麼贏者全拿？

企業如果是該產業的領頭羊或具定價話語權，自然會取得更多資源和機會，反應大者恆大、贏家通吃的現象。如：「台灣護國神山」是半導體業中翹楚，具有超強競爭力，股價一路攀升；發展成熟的Amazon，營收成長依然快速。

為什麼贏者全拿？因為贏者掌握規模經濟，掌握生產規格的制定，掌握市場人氣，掌握大多數資源，掌握曝光率、知名度，

而且邊際成本遞減，報酬卻遞增。也就是賣得越多，賺得越多。資源有限而競爭者眾時，誰掌握資源誰就掌握未來。擁有資源越多的個人或企業，越能吸引合作夥伴的策略聯盟。企業、資本家會紛紛往熱門國家投資，捨棄那些沒有競爭力的市場。擁有才能和專業的人工作接不完；沒有才能的人只好做高替代性工作，朝不保夕。

　　用馬太效應思考，便能夠了解為何大者恆大，而大者也喜歡與大者結盟。所以一定要想辦法進入那個強的循環，好的循環，而不是弱的循環。要趁早認清，贏者全拿的殘酷事實，從中找出自己的安身立命之法。不論是個人、企業或國家，都應該在全球格局下審慎評估自己所擁有的資源，敢於投資自我，將自己所專門的領域升級到最專業，不要妄想在還沒成功以前，涉足太多的領域。先求養活自己，然後在這個領域迅速做大、做強，因為你一旦做大了之後，你就掌握規模經濟，掌握了多數的資源，連帶地能讓你的邊際成本遞減，邊際報酬遞增。何謂邊際成本，邊際成本就是每多銷售一件產品需要多付出的成本，邊際報酬就是每多增加一名客戶，能多收到多少錢。報酬越來越大，邊際成本越來越低，最後就導致了大者恆大。中國所有一線企業都是這樣，他們選定這個領域之後，很快速地做大、做強，然後就形成了馬太效應，最後成了世界級的企業。

錦上添花：
人們都喜歡和贏家站在一起

★ ★ ★

這個社會從來就只有錦上添花，沒有雪中送炭！所有的資源都是湧向強者的。

如果你有能力擁有進口跑車，你還會需要國產車嗎？

如果可以擁有LV，你會想買路邊攤嗎？

人性都是想要最好的，大家都喜歡跟贏家站在一起，也沒有誰會想要支持一個看起來糟糕的品牌。正如同聖經故事裡的那位財主將所有資源集中在最會賺錢的僕人身上。

默默無聞的你寫的書不會有出版社想出，因為你不是明星、你不是名人，出版社會搶著要出版誰的書呢？名人的書、家喻戶曉的明星。如果你的書一旦成為超級暢銷書，各種資源就會跑來找你談合作，那麼你就進入一個馬太效應的正循環。

美國鄉下住著一對相依為命的父子。有一天，這名父親的老

馬太效應

莫菲定律

紅皇后效應

同學基辛格路過此地前來拜訪，基辛格看到朋友的兒子已經長大成人，於是說：「老同學，我想把你的兒子帶到城裡去工作。」

沒想到那名父親連連搖頭說：「不行，絕對不行！」

基辛格笑著說：「我想在城裡給你的兒子找個結婚對象，可以嗎？」

他的朋友還是搖頭：「不行！我從來不干涉我兒子的事。」

基辛格又說：「但那名女孩是羅斯柴爾德伯爵的女兒（羅斯柴爾德是歐洲最有名望的銀行家）。」

他朋友這才鬆口說：「嗯，如果是這樣的話……」

基辛格之後見到羅斯柴爾德伯爵時，對他說：「伯爵先生，我為您的女兒物色了一名萬中選一的好丈夫。」

羅斯柴爾德伯爵忙婉拒道：「可是我女兒還太年輕。」

基辛格說：「這位年輕人可是世界銀行的副總裁。」

「嗯！如果是這樣的話……，」羅斯柴爾德伯爵也同意了。

又過了幾天，基辛格又找到了世界銀行總裁對他說：「總裁先生，你應該馬上任命一位副總裁！」

總裁先生搖著頭說：「不可能，這裡這麼多副總裁，我為什麼還要再任命一位副總裁呢？而且必須馬上任用？」

基辛格說：「如果你任命的這名副總裁是羅斯柴爾德伯爵的女婿，你覺得可以嗎？」總裁先生聽了，當然就同意了。

基辛格之所以能夠讓農夫的兒子搖身一變成了金融鉅子的乘龍快婿和世界銀行的副總裁，根本的原因就在於基辛格他充分利用人們的一種心理：寧可錦上添花，絕不雪中送炭。這個世界就是，你越厲害，你獲得的機會就越多！

人們寧願錦上添花，也不願雪中送炭。美國科學史研究大師莫頓博士就是這樣形容學術界：「相對於那些不知名的研究者，聲名顯赫的科學家通常得到更多的聲望，即使他們的成就是相似的；同樣地，在同一個專案上，聲譽通常給予那些已經出名的研究者，例如，一個獎項幾乎總是授予最資深的研究者，即使所有工作都是一個研究生完成的。」

這是因為科學家過去的成績若是累計起來，即形成一種優勢，並能影響以後的評價。而當一個人的傑出成績得到承認後，人們可能會追溯並重新評價其早期工作。因而認可和獎勵的分配都有利於那些名牌機構的科學家，而那些在聲望較低、不甚知名或主要機構裡的科學家則很難得到適當的認可與肯定。而新的科學家需要躋身進入權威和名流集團之中，然後才會被認可。

越是知名的教授、專家，得到的科研經費就越多，社會兼職越多，各種名目的評獎似乎就是為他們設立的。如今在科研領域存在這樣一種怪現象：科研經費的使用基本被壟斷，從立項、評選、經費分配基本是由少數專家控制。儘管某些專案從立題到完

馬太效應

莫菲定律

紅皇后效應

成與一些專家沒任何關係，但是，無論立項書還是最終成果也必須將某些知名專家的大名冠於首位。這樣一來，一般學者的勞動果實就都成了專家的「成果」，使少數專家成了科研寡頭。科學界的馬太效應，會讓研究成果越多的人越有名，成為所謂的「學術權威」，但同時間壓縮其他同樣專業、卻知名度不足的人申請研究經費、被外界肯定的機會。

★ 只有第一，沒有第二

我們常常看到在業界第一名跟第二名有重大的差距，晶圓代工的第二名叫聯電，晶圓代工的第一名是台積電，台積電的股價從20、40、60、80、100、200、300、400，甚至衝到500以上，但反觀第二名聯電的股價，就一直是幾十塊上下，第一名和第二名，哪怕只差一點點，只是差了幾個奈米而已，它們的股價竟有如此巨大的差異。

試想，如果你需要一個晶片，你會找誰做，一定找台積電做，所以蘋果的晶片現在就是要求全部都給台積電，因此第一名跟第二名就有重大的差距，因為大家都喜歡最好的，即使最好的只比第二名好一點點而已，價格也只是貴了一點點，但大家都想要最好的。每個人都想和贏家站在同一個陣線，這是人之常情。

人們往往格外青睞於第一名，不管哪個行業的第一總會獲得更多的資源。傑克‧威爾許任奇異（GE）總裁不久就提出了著名的「NO.1 or NO.2」戰略——任何一個領域，只有位居第一或第二的企業才有實力避開殘酷的競爭，贏得巨額利潤。

誰都知道世界第一高峰是珠穆朗瑪峰，並且還知道它的高度。但有誰知道世界第二高峰呢？其實位於印度境內的K2僅比珠穆朗瑪峰低237米，這個差距還不到珠穆朗瑪峰高度的3%。全球最大的民用無人機製造商是哪家？大疆創新，那第二呢？阿姆斯壯是第一位登上月球的人，那第二位呢？很多人記得某些項目的奧運冠軍是誰，卻很少有人記得亞軍是誰……

人們只會深刻記住「第一名」，會對某個領域的第一品牌投入更多的注意力，記憶也更深刻。一旦你成為業界第一，或是有了些微領先的優勢，這微小的優勢會帶來更多的名聲，名聲會帶給你更多的機會、更高的收益，這些又讓你可以投入更多的資源，繼續擴大優勢，成長得更快，形成正循環。

這就是為什麼每次雙十一過後，各大手機品牌都宣稱自己獲得了第一，不論是全網銷量第一，還是全網交易額第一，還是全網高端手機銷量第一，總之不管是什麼名頭，就是要有第一的名頭來宣傳。台灣原先的網購龍頭PChome與外來的蝦皮（Shopee），當初為霸主之位祭出大量的補貼，打得難分難解。

馬太效應

莫菲定律

紅皇后效應

為什麼非要爭第一不可？因為第一名的贏家隨著優勢的累積，將有更多的機會取得更大的成功和進步。一旦落入第二名，你也很難位居第二贏家太久，因為連你所擁有的，都可能會被最大的贏家取走，翻轉市場的機會近乎為零！

為什麼這麼說呢？因為「馬太效應」的累積速度不是相加、也不是相乘，而是次方，也因為剛開始的差異不大，不容易讓人覺得差異很大，等到彼此差異拉大到很大的距離時，已經無法追趕。

我們用數字的例子來看看這彼此之間的差異變化；2的平方是多少？答案是4，因為2加2或是2乘2也是4，因此，開始時這樣的變化大家不覺得怎樣，那4的平方呢？答案是16，而4乘2等於8，而4加2等於6，感覺好像也還好，差距並沒有太大。

接著16的平方為多少？答案是256，而8乘2是16，而6加2只等於8，這時候你可能已經發覺彼此之間的差異性了，也想開始急起直追，決定將被加數與被乘數提高為4，但是，更可怕的事情卻在後頭，256的平方是多少？答案是65,536，而16乘4也只有是64，而8加4更慘只有12而已。可能有朋友認為這時候我並不一定都是要用乘法啊，我也可以開始使用平方來追趕啊！那我們就來看看，當65536平方之後得到的數字是4,294,967,296，而64的平方卻只有4,096，而12的平方也只

有144。你是否已從數字上就可以看到這可怕的差距，也就能明白「馬太效應」為何被經濟學家稱為恐怖的魔術。

　　馬太效應就是讓整個社會的資源向最強的人靠攏，所以你一定要找到自己由弱變強的那一個點，人生拐點、人生轉折點，一旦向上轉之後你就會發現，一天到晚有人來找你，選擇權就全在你身上。我自己就有深深的體會，年輕的時候，我去拜託人家辦一個事，還要到處奔波，說盡好話，等我找到我的人生拐點後，我讓自己成為了一個「咖」，越來越多人來找我，我人在辦公室裡就有很多選擇，通常每五、六個來找我的，我只會選擇一個合作案，當然是選最好，而最好的自然就更容易成功!!

馬太效應

莫菲定律

紅皇后效應

What & Why

6

品牌是商業世界裡
最大的馬太效應

★ ★ ★

　　「馬太效應」告訴我們：要想在某一個領域保持優勢，就必須在此領域迅速做大、做強。當你成為某個領域的領頭羊時，就能更輕易地獲得比弱小的同行更大的收益，也就不容易被打倒。

　　商品在市場上也是如此，越是賣得好的商品，越是賣得更好，越是暢銷的書，越是賣到頻頻再版，而越是無人問津的商品，越是滯銷。一個產品越暢銷，越能吸引更多顧客。當身邊的人都用起某品牌的電腦時，你也會被這產品吸引，最後在周圍人的推薦好評下選擇購買，品牌也就是這樣形成的。

　　品牌是潛藏在消費者腦海中的一種形象認知、感受、聯想或上述的總和。品牌除了可以作為與競爭者的識別系統外，更可以鎖住顧客，稱之為「品牌忠誠度」。一個成功的品牌，其品牌忠誠度會較高。因此，這些忠誠顧客並不會任意轉換品牌，而且

還會將之介紹他人、為該品牌引入新客源。正如廖湘琨在《財富的革命》一書所言，越是成功的品牌，就越能夠產生「馬太效應」，即是越成功的品牌，將會更成功。

可口可樂是全球具價值的企業品牌之一，成功關鍵就是長期的品牌形象及強大的市場行銷系統。強勢的成功品牌容易打進國際市場，市場銷售量大，利潤就更多，影響力更強，就更容易成功。除可口可樂、麥當勞、IBM、蘋果公司、豐田汽車等，都是全球市場的強勢成功品牌。成功的品牌擁有一批忠誠顧客，這些顧客不斷向親人朋友講述產品的好處，從而吸引更多顧客。因此，越是成功的品牌，就越會產生馬太效應，也就越成功。我們其實也可以說，使品牌的馬太效應真正形成的是消費者。

某產品或服務的品牌知名度越大，品牌價值越高，其忠實消費者就越多，最後市場佔有率就越大。相反地，品牌知名度越小，品牌價值越低，其忠實的消費者就越少，市場佔有率就越小，最後導致行業利潤減少而被市場淘汰。

當相同的產品放在一起，價格有明顯的差異，人們會傾向於購買昂貴的大品牌，就像 iPhone 一樣。即使它價格高得嚇人，人們還是願意排隊搶購。市場上會有許多同類型的產品，剛開始時可能彼此不相伯仲，但若某一品牌得到較多消費者歡迎，那麼在往後的銷售上便會突圍而出，出現贏家通吃的結果。很多時候

馬太效應

莫菲定律

紅皇后效應

產品競爭並不是單以品質取勝，一些品質不相上下的產品，後來也在市場消失了，就是因為領先的品牌已經佔了優勢，在贏家通吃的情況下，其他產品注定只能敗走。當產品佔據了市場領導地位，競爭對手便不容易扭轉過來；而已佔了領先優勢的品牌，也要不停地強調自己品牌的優勢，從而鞏固其領導地位。

反過來，我們也可以說，企業打造品牌的初衷，就是想透過馬太效應的影響，獲得消費者更多的關注和好評，讓自己的產品賣得越來越好，吃下整個市場，讓競爭者沒有生存空間。

企業利用人們的從眾心理，努力將自己的商品炒熱，形成知名度，從而達到吸引購買的目的。因為當消費者受到群體的影響，會因為「隨大流」改變自己的觀點、判斷和行為，朝著與大多數人一致的方向變化。對消費者來說，選擇有品牌的商品或者大品牌的商品，會獲得群眾共同篩選出來的安全感，減少思考和選擇比較的成本，甚至獲得一些相匹配的身份認定。

而這個從眾的優先選擇，如果被不斷重複，被很多人重複，就會形成複利，達到大者恆大。「積少成多」其實就是馬太效應所說累積資源後所造成的差異，是巨大且難以超越的。

通常在3C電子科技，健康衛生等產品領域，客單價比較高的產品，試錯成本比較高，一旦人們嘗試錯誤，就會產生比較大的損失感。所以這些產品容易形成很強烈的馬太效應。還有就是

那些服務類產品，需要借助和參考別人的評估和評價來選擇的，如社交軟體、社群等。這類產品比較重口碑，同時它具備很強的社會關係屬性。比如，你的朋友都在用IG，而你為了能跟他們一樣，也會選擇用，人群的從眾效應就會形成得比較快。還有那種大家都耳熟能詳，但又完全不瞭解的人工智慧、VR、機器人、5G等領域的一些消費品，消費者的從眾意識會更明顯。若是企業的產品或服務是在這樣的領域裡，越早開始並取得領先和優勢，在這個領域迅速做大，會吸引更多人對這個品牌產生集中關注，越容易贏得馬太效應，收穫更多的從眾效應，做到業界第一。成為領頭羊就具有話語權，就能在行業中製訂標準和塑造龍頭形象，立於不敗之地。

企業唯有極力創新、參與製定具有自主智慧產權的標準，佔據品牌資本，才可能在自身領域佔領技術製高點，獲得市場競爭優勢。如iPhone的出現，為智慧型手機產生一個新的標準，這就是所謂的「品牌資本」。高通、微軟、日本6C聯盟都是憑借標準製勝中國市場的典型。CDMA相關技術在高通的運作下成為其所掌握的專利和國際標準，所有生產CDMA相關通訊產品的企業都必須向高通繳納CDMA的入門費和使用費，高通由此一躍成為坐擁標準、日進斗金的跨國企業。

在知識經濟時代，只有位居第一的企業才能贏得最高額利

馬太效應

莫菲定律

紅皇后效應

潤。一個成功的品牌，更可不斷延伸到各種領域，創造持續的價值，推動整合的市場資源，通過品牌延伸，企業可節省大量廣告費用，減少促銷成本令企業獲得更大收益，形成有形和無形的巨大財富效應，這也是為什麼越是成功的品牌，就越能為企業帶來更多收益。

奇異前總裁傑克‧威爾許認為：「提供平凡產品和服務的公司，將沒有生存空間。」未來只有投身在具有前景行業，並要在整個行業中名列前茅，才可良好生存，不會在經濟衰退時被淘汰。馬太效應就是說明了領先者領先更多，人潮吸引更多人潮，成功帶來更多成功。

What & Why

7

教育領域中的馬太效應

★ ★ ★

所謂的「馬太效應」，就是指好的變得更好，壞的變得更壞，多的變得更多，少的變得更少的一種現象。而這樣的雙面性，在教育中是很常見的，家長們無意中的表揚、批評形成了馬太效應，孩子優不優秀，差距就是這樣子拉開的。

★ 正確認識「馬太效應」，孩子會更優秀

兩名年紀一樣大的孩子，容易被家長們拿來比較。孩子學習成績不好，家長就會指責他，越指責孩子就更加失去了學習動力，成績自然也提不上來。相反地，成績優秀的孩子，肯定經常受到很多的表揚，表揚給他帶來了鼓勵，所以他才能不斷進步，變得優秀。

孩子最初對自己的認識是來自於外界對他的評價。當外界

馬太效應

莫菲定律

紅皇后效應

對他的評價是好的、是肯定的，他就會覺得自己是優秀的或者能夠變得更優秀；相反地，當父母、師長、同學對他的評價是不好的、否定的，他就會陷入自我懷疑，認為自己就像別人口中說的那樣，從而不再追求進步。「馬太效應」帶來的自我認知對於好學生來說是進步的動力，而差生卻會因這種思維的認知慣性而誤了前程。表現優異者由於不斷受到正面激勵，讓好行為持續強化；資源不足者不斷受挫折，更容易自暴自棄。

如果一個孩子不論其表現好壞，從未遭受教師、家長和同學的嘲笑，而是受到平等的對待，並在他需要協助的時候能夠得到及時的幫助，那他就能夠認真學習，積極向上，不會受到「馬太效應」的影響。很多表現不好的孩子就是因為經常受到不公正的對待，在負能量的環境中成長，才會產生自我懷疑，從而掉進越變越差的深淵中。

「馬太效應」會在教育中形成自傲和自卑的對立。對好學生過分偏愛的老師，其所帶的班往往會發生這樣的問題：一部分人自負自傲，孤芳自賞，而另一部分人自尊心受損，自暴自棄，上進心減弱。

為什麼導師會特別偏愛某一位學生，因為評價的標準是單一的：導師的意見就是標準。但學生的優點和缺點是多種多樣的，每個人身上都有不同的優點和缺點，如果只是按照一個標準來判

斷，難免不全面、不公正，因為每一個人都會有自己偏好，這樣的話難免造成偏愛了。接著我們再試想一下，老師為什麼總偏愛少數那幾個學生，其實這反應出來的問題是導師能力不足，因為他無法將把全班所有的學生或者一部分學生都變成最好，所以他必然要挑自己偏愛的學生重點輔導，只要把這一兩位學生帶到拔尖，他也就更有面子了。

　　教育中的「馬太效應」使得少數學生成為校長老師的香餑餑，盡享各方資源，而令大多數學生成了受冷落的「被棄者」，我們應該防止這一教育的負作用，為每個學生的健康成長創造良好的心理環境。在教育管理上，要追求「大面積豐收」，使每個學生都能得到老師的關懷，對學生要一視同仁，不可對好的學生過於「偏心眼」，相反地也要更照顧後進學生，給予他們充足的幫助和溫暖。

　　馬太效應的負面影響之所以如此嚴重，就是因為自我認知一旦形成，不論是外界還是自身，都很難去改變它。和「貼標籤」其實是異曲同工，不管是成人還是孩子，都會產生思維定勢。

　　「馬太效應」會使孩子變得優秀，也會使孩子陷入自我懷疑。正確地將「馬太效應」運用到對孩子的教育中，需要父母的努力。

　　外界的環境我們無法控制，但家庭環境的氛圍就需要做父母

馬太效應

莫菲定律

紅皇后效應

的認真營造。當孩子表現不好時，要積極引導他，千萬不要給孩子貼標籤，讓孩子了解到父母是相信他的能力的。孩子從父母身上得到信任與感受到溫暖後，就會變得自信，會產生動力從而樂觀積極向上，不斷進步。

在日常生活中，父母要多表揚孩子，培養其自信心。積極去發現孩子的閃光點，激勵孩子揚長補短，有的孩子雖然成績不好，但在其他方面有自己擅長之處，這時候父母就要肯定他，鼓勵他發揮優勢彌補劣勢。當孩子獲得一點點進步時，父母就要給予孩子積極的肯定，給予足夠的尊重和讚賞，即使孩子失敗，也要表揚他勇於表現。自信的孩子更容易獲得他人的讚賞與表揚，並在激勵中獲得進步，而這又反過來增強了孩子的自信心，從而讓他更有勇氣地面對困難、戰勝困難。教育孩子不要過分在意他人的看法，評價。不管是好的還是壞的，他人的評價不一定都是正確的，讓孩子勇於做自己。擁有自信心的孩子才會變得更加優秀。

 教育資源的差距

心理學家Keith Stanovich的研究中，指出兒童若沒有在頭三、四年培養閱讀能力，將可能造成長期的、學習新技能的困

難。其在閱讀方面的落後，也將增加他們與同齡人之間的差距。日後當他們需要「從閱讀中學習」，而閱讀能力不足就會進一步造成他們在學習其他科目阻礙。這樣，他們的知識和能力會逐步下降，並進一步在學業上落後，跌幅會比同齡人越發增高。

學生閱讀能力越高，對辭彙和世界知識的提升速度越快、越多，這結果進一步提升閱讀能力，成了良性的正向循環；閱讀能力越低，對辭彙和世界知識的成長越慢、越少，這結果就更妨礙閱讀能力的發展，成了負向的惡性循環。於是，高閱讀能力的兒童，與低閱讀能力的兒童，在語文能力、對世界的認識等表現，差異只會越來越大，始終無法修補。

現實生活中，家中經濟條件比較好的學生，可以在入學前讀「學前班」、可以入讀私立學校或國際學校，於是在學習環境上和將來的人脈上有更多的選擇。而家中經濟較差的學生，獲得的教育資源就少，他們的觀念和思維得不到提升。教育資源的不平衡使得家境不好或一般的孩子受到教育的引導方式十分有限，教學水平的差距使得他們不得不花費更多的時間和精力才能夠獲得和富人家孩子一樣的成績。最大的差異是，如果家裡經濟條件許可，還能到國外讀書，繼續升學。而窮家子弟為了減輕家中負擔，可能早早就選擇進入職場工作，放棄升學。他們的父母整日為三餐生計而奔波，也使得他們缺乏對教育的深思。父母的短視

馬太效應 莫菲定律 紅皇后效應

成了孩子未來成長發展的限制和阻礙，同時也在不知不覺間定型了孩子的未來。

誰能想得到20年前的大陸棄嬰，竟能代表加拿大奪下奧運游泳金牌！20歲的加拿大游泳女將瑪格麗特（Margaret MacNeil）在2021年東京奧運女子100公尺蝶式決賽游出55秒59成績成功摘金。瑪格麗特出生於中國江西省，卻在出生後被棄養，一歲時被來自加拿大的養父艾德、養母蘇珊收養，且來到加拿大開啟完全不同的人生，更從二歲就開始學習游泳。瑪格麗特若不是自小被收養，從小就享有了和親生父母不一樣的生活環境和資源，得以學習游泳接受訓練，才有機會摘金，她的奮鬥及持續不斷地為自己累積優勢，各方資源於是向她聚集，因為她展現了在游泳上的超強能力，讓加拿大政府願意培訓她，造就她活出不一樣的人生。

提出「馬太效應」的美國學者羅伯特・莫頓認為，一個人所接觸的環境越好，他就越容易獲得成功，良好的人脈以及客觀環境的助力都是推動他們獲得成功的誘因。而身處於較差環境中的人，他們沒有什麼可利用的優勢，得到幫助的途徑也很有限，這就使得他們更容易失敗。

富人的孩子所生存的環境更加優越，他們享受著更加優質的教育資源，擁有更多開闊眼界的途徑和方式，高薪聘請的家庭教

師讓學習更高效與便利。當一切有利因素不斷地疊加時，富人的孩子獲得成功的可能性有了明顯的提升，這使得他們看起來更加優秀。

馬太效應

莫菲定律

紅皇后效應

How & Do

8

找到人生崛起的拐點

「馬太效應」反映出好的會越好、壞的會越壞的現象。要想破解馬太效應，就是找到成功的起點和突破口，盡早走進成功的良性迴圈。突破口是什麼呢？就是找到你的優勢，贏在轉折點。每個人都有自己最專精而別人所不能及的地方，把它找出來，這就是你的長板，做你喜歡並且擅長的事情，心無旁騖，專精在一個極小領域，集中火力，做到最好。或許你的資源很少，但是你可以集中火力加強，只要集中一點進攻就可以突破，在這一點上跟別人造成差距，然後這個差距，就會形成馬太效應，讓你變得越來越強。

我高中是讀建中，我清楚記得建中的校長非常平庸，建中的老師沒有很差，但也沒談不上很好，建中的校園更是普通，學校經費也一般。師大附中就常嘲笑建中說：「我們師大附中是國立的，建中只是市立，因為是市立的，所以經費有限。」我們就回

諷說：「國立華僑高中也是國立的，排名還不是在很後面。」

　　一入學建中給我很大的震撼，因為同學都很厲害，那時期的建中比現在的建中還厲害，現在的建中只是北北基的第一志願，我念建中時，大約四十幾年前，是全台灣優秀的學生都跑來讀建中，我們班上有彰化的第一名、屏東的第一名，各個學校的第一名幾乎全部集中在建中，我發現這個社會真的很不公平，越厲害的人他越用功，越不厲害的人，越不用功，真的就是這樣子。那種已經很厲害的還要去補習數學，他是每科都補，每天晚上都排滿了，那他什麼時候讀書呢？半夜讀書，所以白天上課時他都在打瞌睡，睡到一半他忽然醒來揉揉眼睛，指著黑板說：「老師，你第三行那個式子寫錯了」說完又繼續睡覺，大家嚇都嚇死了！他考試都是100分。為什麼？因為老師不怎麼樣，所以出的題目都是抄參考書，抄歷屆試題，而那些參考書跟歷屆試題，他全都做過了，所以他看到題目就知道答案。就是這麼恐怖，他已經非常厲害了，但他比誰都用功，給我很大的震撼，明白自己也得好好唸書，半點都不能鬆懈，最厲害的人最用功，那不厲害的，反而不用功，這就是馬太效應。

　　當我發現同學都那麼厲害，我是如何因應的呢？答案就是發揮我的優勢！我的優勢是數學，於是我將所有念書的時間，撥出一半的時間來做數學題，同時我也去補習數學。我們建中的傳統

（側欄）馬太效應　莫菲定律　紅皇后效應

就是說反話，同學如果問：「你數學準備得怎麼樣了？」我都說我都沒有準備，而其他同學也是這樣說，成績出來，我數學考了90幾分，我們班那個超級強者還是考了100分。雖然我平時在學校一直都是考80、90分，但我聯考數學考100分，這叫「笑到最後才笑的最大聲」。我大學不是讀數學系，我主修經濟系畢業出國唸的是統計，以我這樣的學歷如果去應徵數學老師，補習班多少會有一點存疑，於是我就給對方看我大學聯考的成績，數學100分，此外，他再看到我在台大的微積分成績是99分，就完全沒有意見了。於是就開始了在補習班教數學的生活。

由於我是選擇我最強的科目再重點加強，這就是長板理論的應用，而不是用木桶理論去補我的短板。

你要好好思考自己的長處，你要在哪一點上變強，發揮長板優勢，你能否在一開始就佔盡優勢，只要到達臨界點之後，你的優勢就會擴大。

懂數學的人都知道拐點（Critical point，又叫臨界點、反曲點），是指函數圖形凹性改變的點，因為二次微分函數值大於零的點圖形向上凹；二次微分函數值小於零的點圖形向下凹，當二次微分函數值由小於零連續不斷地變成大於零，在二次微分函數值等於零的點，就會出現所謂的反曲點。簡單來說：指改變曲線向上或者向下方向的點，這個點不知道什麼時候會出現，但是在

某一個時刻就會出現。而這個點就是你人生的拐點，由這裡開始
轉變、開始不一樣。

　　所以就是要把我們人生的那個點找出來，朝那個點專注去進
攻，去突破，加大獲勝的可能，而勝利會帶來勝利，會增加你的
資源，你應該積極去追求那些可以持續為你帶來「附加價值」的
勝利。

　　馬太效應會持續作用著，因為人要嘛朝好的方向走，要嘛
往壞的方向走。每天不斷地重複做相同的事，卻天真地以為有一
天會出現不同的結果，那是不可能的。如果你想要一個和現在不
一樣的人生，就要為自己的目標做些努力。很多人可能覺得自己
的人生停滯不前，那是因為你目前的現狀，無法替你帶來任何機
會與資源，甚至有時候是帶來負面的機會與資源，例如交了壞朋
友、做了壞的行為⋯⋯等等。

　　現在開始調整自己：每日安排任務，看多少書，做多少事，
要考什麼證照，報一個什麼班，心態積極，聚焦能量，做自己想
做的並擅長的事，專注並全力以赴地把你決定的這件事做好，做
到盡善盡美！當一個人總是在朝著正向目標前進的時候，曲線向
上的點就到了，漸漸開始進行往上的爬升。這時候拐點效應就會
很清晰，發揮巨大的作用。

　　認識自己，認清現實，通過比較，發現自己的優勢，發揮你

馬太效應

莫菲定律

紅皇后效應

的優勢，管理了你的缺點，管控你的時間！當你做的事情能帶來機會與資源，你的人生也會越來越好。

★ 結合路徑依賴理論

路徑依賴是指，一件事情的發生，會影響下一件事情。這樣的過程，是帶有記憶性質的。所以初始條件幾乎決定了成敗，那就最開始的時候就要找對正確的方向，盡早取得優勢，是一點一點累積，讓馬太效應產生滾雪球效應，最終造成巨大的差距。

舉例來說，兩位能力在伯仲之間的博士畢業生，畢業之後相繼都去大學任教，其中一位去了哈佛大學，另外一位則是去了一間名氣稍弱的大學擔任教職。由於哈佛大學收的都是世界頂尖的優秀學生，而且還能提供更多的資源，這些優勢會讓這位博士教授產出更多的學術論文、獲得更多的肯定。這些逐漸累積起來的優勢，會讓這位博士生退休之後的成就，超出另一位博士生許多。

為何在相同起跑點的兩個人，最後人生的差距是那麼大呢？原因都在「初始條件」的不同。在名校擔任教職這件事本身提高了自己的「初始條件」，馬太效應開始作用之後，隨著時間的過去，影響力就會越來越大。

早點達到你的臨界點、階段轉折，是馬太效應裡，很重要的一個環節。當一個細小的、漸進的改變，產生了龐大的效應時，這就是我們常說的「臨界點」。像是將把一杯水放到冷凍庫裡，水的溫度會下降到臨界點，也就是攝氏零度，接下來，水就會結成冰塊。到達這個關鍵點，讓這杯水產生了巨大的改變，從液體變成固體。

馬太效應「好的會更好；壞的會更壞」帶來的滾雪球效應，背後的機制是「路徑依賴理論」，能否在一開始就佔盡優勢，是決定成敗的關鍵。每個人的資源剛開始時都是有限的，這時，必須學會集中優勢兵力這一戰術原則，將你的時間、精力、才能、金錢等投入到最有希望能獲勝的領域。確立你在這一領域的優勢地位。這樣才能集小勝為大勝，直到取得全面性的優勢。那時馬太效應就已經完全站在你這一邊了。所以當你的資源有限時，不要企求面面俱到，而要學會攻其一點。其實，勝利的奧秘就在於你如何選擇，並將能力發揮到最佳。要讓自己大者恆大，我們需要早一點推升自己或自己的事業，到達臨界點，到達臨界點之後，你的優勢就會隨之擴大，別人將更難與你競爭。

馬太效應

莫菲定律

紅皇后效應

How & Do
9

專注自己的強項，做到最優

★ ★ ★

　　管理學大師彼得‧杜拉克（Peter Drucker）說：「重要的是你有什麼能力，而不是你缺乏什麼能力。」但我們受的教育常要求我們注意自己的不足，導致不少學生都爭先恐後去補習自己不擅長的科目，很少去加深、加廣自己的強項。

　　IBM 的創始人湯瑪士‧華生曾說：「我不是天才，我只是在幾個點上很聰明。不過我會把自己放在那幾個點附近。」當你了解並確認自己的弱點與強項，就會發現自己的優勢所在。你不僅知道自己哪方面具有價值，也知道自己在哪方面不具價值。我們弄清楚自己的基本強項，也就是基本特色，就能回答一個關鍵問題：我們該把人生有限的時間投注在哪裡，才有最大的成就？華倫‧巴菲特的得力助手查理‧蒙格（Charlie Munger）貼切地點出：「要找出自己的天賦所長。如果你參加別人擅長而你不擅長的比賽，你注定要輸。」

其實「出眾」是來自長處，不是改善弱點，請將以前花在彌補缺點上的心力，全部改在充實自己的強項，你會驚覺一切竟能如此事半功倍。

強與弱是比較來的，例如，在一群新手中看到的強者，不見得是最後的強者。像NBA的麥可·喬丹不夠壯、史蒂芬·柯瑞（Stephen Curry）不夠高，原本都不被看好，但一個加上彈性與熱情，另一個加上神射與熱情，他們都成了傳奇。所以在盤點並組合自己獨特的相對優勢後，請記得還要加上「熱情」，別把自己的獨特優勢埋在土裡，記得用熱情將它們一一挖出來，才不會連手中最後的一個銀幣都被這個世界拿走。

在某些情況下一個人的優點可能變成弱點，一個人的弱點也可能變成優點。

西遊記中孫悟空雖然能七十二變、法力無邊，卻不擅長水戰，而水戰正好是豬八戒的強項，因此每次遇到水裡的妖怪孫悟空就毫無用武之地。馬太效應告訴我們：當目標領域有強大對手的情況下，就要另闢蹊徑，找準對手的弱項和自己的優勢。如果你的對手在某個方面過於強大，無可撼動，你就要去思考是不是可以從其他什麼方面入手，而這些地方很可能是他的死穴。思維與態度再加上百折不饒的努力，即使起跑點不一樣，照樣也可以後來居上，逆襲馬太效應。

馬太效應

莫菲定律

紅皇后效應

如果你周圍都是馬太效應中的「強者」你需要專心於自己擅長的事物，主動學習，自動自發，心中必須有著超強的求勝欲望，強大的心理承受能力和自制自控的毅力。你要不斷提升自己的能力。因為你的能力大小，將決定別人是否願意給你機會與資源。個人能力的現狀與自己能獲得的機會與資源是息息相關的。

當你找到了你的優勢或是你可以發揮的專長，而這件事在未來你認為可以給你帶來很多機會與資源。那麼你就要重複不斷地持續做它。大量重複的動作能造成指數級的成長，你的人生是否能呈現指數級成長，還是取決於你在一件事上努力多久，只有堅持不斷的重複，才能會有指數級的成長。

機運來臨前，做好準備更重要

FB的創辦人馬克·祖克柏草創臉書時，是在朋友的資金協助下，才得以讓臉書一步步擴展到全世界，但如果只是光有資金，馬克·祖克柏本身沒強大、優秀的能力，臉書也只會是個概念而已。就像蘋果砸到牛頓的頭上，令他悟出「萬有引力」（Gravitation）的存在，若是砸到一般人頭上，可能就只是覺得倒楣，平白無故腫了一個包。

機運固然重要，但如果自己沒有足夠的知識背景、能力、

平常沒有足夠的努力，你也掌握不住機運。所以，好好充實、好好提升自己，讓自己像個贏家，你才能真的成為贏家！思維決定你的行為，加上努力，相信不管是在人生哪個階段，你都握有改變的力量，都可以扭轉現在的生活、翻轉貧窮，成為你想要的樣子，讓你的能力配得上你的野心，讓正向馬太效應發酵。

馬太效應告訴我們：你自己必須要先很強，然後才能吸引更強的。不論是在職場還是商場上，那些本身條件優越的人，越加容易獲得資源與展露頭角。因為他天生條件頗佳，而本身又懂得運用自己的優勢，創造更多的優勢與獲取資源，並轉化成優異的工作表現。而且一般社會大眾容易對那些有傑出表現的、優秀的人給予較多的支援與機會。而對於相對弱勢者或是表現平平的人給予較少的支持，或是需要設一些限制或條件才會給予支持、機會。就如同你會發現俊男美女通常會比相貌平平的人獲得更多的機會。

長板理論說：「一個人要想在一個優秀的團隊中生存，必須發揮他最強的那一面，也就是長板。」一個優秀的團隊是明確分工的，將每個人的優勢組合在一起，就是一個完美的團隊。在團隊中，每個人的優勢都是互補的，你的技術好，但管理不好，而管理部分就可以由其他人來做，你只要負責你的強項就好了！當你發揮自己的優勢到極致，你的優點會更出眾，就開始進入馬太

馬太效應

莫菲定律

紅皇后效應

效應的良性迴圈。

我們想獲得什麼樣的機會，就必須展現出宛如已經獲得那個機會，或是足堪擔當該機會之責任與能力來，才能獲得。相信自己可以，並展現出來，是一種良好且巧妙運用馬太效應心理的手段。想變什麼，就要做得像什麼。例如想要獲得工作機會，就要展現出自己絕對可以的神態，並且提出具體可行的方案。不論你是一名學生、初入職場的新人還是努力奮鬥的創業者，如果你周圍都是馬太效應中的「強者」，而自己卻只是個無名小輩，你必須努力去強化你的優勢、提升自己。

態度要積極、主動、執著，能為你帶來正向的回報，而這又會更加強化了你的積極主動性，如此迴圈，你才能把馬太效應的正效果發揮到極致。像是趁著零碎時間背背單字，增強英文能力、把握公司提供的學習機會或是挑戰，以增加自己的經歷與實戰經驗等等。我們不用一定要成為世界上數一數二的強者，但是我們都應該努力成為自己心目中認為是精彩的人。所以，記住「馬太效應」所說的：「強者越強、弱者越弱。」細數和善用自己已經擁有的資源，把握每個會讓我們進步的機會，只要想辦法增值，就會有翻身的機會。

這是一個強者制訂遊戲規則的時代

如果你想改變當前處境的話，請努力把自己變強大，因為這是一個強者制訂遊戲規則的時代。

這個社會永遠是強者在主宰世界。只有你變得強大了，你才能具有話語權，擁有話語權的人就可以制定社會規則，制定整個遊戲規則，那些能力不強的人，就只能跟著這個規則走。

一個人講話再直接，脾氣再差，看到總統也會變得彬彬有禮。世界上沒有忍不下來的脾氣，多數真實的情況是，他覺得你不值得為他忍住脾氣。

一場會議，老闆或高層主管遲到了，全場的人雖心有抱怨但還是會等老闆或高層主管來才開始會議，但同樣的事情，如果發生在新人身上，非但不會等，還會被記上一筆，因為你的價值還沒被看見，但你耽誤工作的事實已經發生了。

這個社會就是只要你夠有影響力，夠強大，多數的遊戲規則都可以由你來決定。

電視台的新聞部，每天有兩次截稿時間，一次是中午十二點，一次是晚上六點，所以約定成俗，大多數的記者會都會配合這個截稿時間，在中午十一點以前及下午四點之前舉行。若是有人將記者會開在中午十一點半或者下午五點半這樣尷尬的時間，

馬太效應

莫菲定律

紅皇后效應

記者會去嗎？那就要看是不是值得去！如果是當紅明星、重量級的董事長突然臨時召開記者會，就算是深更半夜，也會趕過去採訪，甚至出動 SNG，因為這條新聞很有價值。世間事就是如此，當你很有價值時，大家都會給你方便，看你的臉色，把你的時間當時間。當你本事夠強大了，大家就會忙著討好你。

窮人與沒本事的人，才需要照規矩來。就像我們以為要取得好學歷，就要認真讀書，但只要你社經地位夠高，成就卓越，就會有很多學校搶著給你文憑。更有些人是不用寫論文，只要捐的錢夠多，學校就會直接頒發榮譽博士。

那麼要如何讓自己變得更強呢？第一，與強者為伍，把自己的人脈圈子進行一次大換血，找到比自己能力強十倍以上的人，跟他們交朋友薰陶自己，讓自己像個贏家，也要讓自己具備「贏家」的特質。當自己想獲得什麼、想給別人什麼樣的觀感，完全取決於自己內、外的表現。而很多時候不僅僅是表現而已，連衣著、儀態、說話的聲調都能影響自身給人的觀感，進而微妙影響自己獲得機會的成功率、說服力。第二，給自己定一個高遠的目標，成為某個領域的第一或是業界的權威，然後為之去努力奮鬥，想方設法去實現這個目標，成為別人心目中神一樣存在的強者。因為若是你自己沒真本事，就算你認識的人再多，他們也不會是你的人脈。自己不強人脈何用！

10

善用資源，小人物也可以翻身

★ ★ ★

　　馬太效應（Matthew Effect），指強者越強、弱者越弱的現象。若是在某一方面獲得成功後，會出現一步步累積資源的現象，最後取得更大的成功或進步。我們要不斷地累積我們的資源，只有這樣才能夠不斷地做大、做強。

　　我們發現20％的人，居然擁有80％的財富，背後真正的因素，其實是那少數有錢人，是內心富裕並且勇於投資，於是財富快速累積，恐懼沒錢傍身的人，就像守財奴般的斤斤計較，擁有的資產便日益減少。富人，因為擁有各界的人脈與各式的資源，因此能槓桿出財富效應，而這些槓桿出的財富又為他們帶來更多不一樣的人脈與機會，可以槓桿出更大的一桶金，如此不斷重複循環。一般的市井小民因為擁有的太少，又因為害怕失去，而選擇緊抓住手中僅有的資源，導致手上的資源無法流通，也就沒辦法讓自己更加精進與成長。

馬太效應

莫菲定律

紅皇后效應

面對「富者恆富、窮者恆窮」的社會現狀，你是否迷惘沒什麼資源的自己看不到什麼未來、感受不到改變的力量。

其實資源少的人，更要懂得利用手中僅有的資源。充分利用你現在所擁有的資源，把握每一次機會，或是停步不前，端看你怎麼選擇。不論是企業或是個人，當你佔據優勢時，要趁勝追擊、小心危機，繼續擴大資源；位處弱勢時，要窮盡辦法，讓原本手中稀少的資源增值，這才是贏得勝利的關鍵。

⭐ 集中自身所有資源，專注做好一件事

A和B是大學同班同學，畢業後兩人到同家公司上班，一年後，A同學獲得了加薪升職，而B同學還是和剛入職時沒有太大差別。B同學一問才知道，原來A同學一進公司就努力表現爭取主管的青睞，所以獲得了公司的教育培訓，爭取到外派分公司的機會。如果是你，你會像A同學那樣積極把握公司每次提供資源的機會，還是像B同學那般後知後覺，直到有一天才猛然發現一切都太遲了呢……馬太效應對個人發展最嚴重的影響就是它所產生的連鎖反應，當個人職業發展不好，其所接觸到的資源、平台和人脈也越來越貧乏，在外部環境、條件和資源都越來越欠缺的狀況下，個人發展是很難有所突破的。

有些職場人錯誤地以為，不鹹不淡地待著就能保住飯碗。但其實弱者很難參與分配優質資源，沒有好資源就難以發展，最終將難逃被淘汰的命運。那些沒有發展目標、也無積極心態的人，在發展中容易陷入負面迴圈，局面會越來越局促並難以突破；而那些從一開始有目標、有計劃且心態積極、有闖勁的人，即使遇到一些困難，也能通過不斷努力排除障礙，破繭成蝶，往越來越好的方向發展。這樣的兩極分化，其實就是職業生涯中的馬太效應。

兩個人一開始其實差距也沒有那麼大，為什麼會一個是主管眼中的紅人，升職又加薪；另外一個卻沒什麼存在感還在原地踏步呢？因為核心部門的員工、業務骨幹等，與邊緣部門及輔助人員等除了薪資有巨大的差別外，所擁有的資源、晉升機會、發展平台、人脈等也會相差甚遠。

如果你的現狀帶來的機會與資源永遠等於零，甚至小於零，那麼你的人生可能會越來越糟，只是當下的你或許沒有察覺。所以當你剛進入職場時，你可以表現得比同期進入公司的同事們更積極，哪怕只是稍微出色一點也好，這樣子你就比較容易在主管面前留下印象。那麼未來一旦有升遷或是外派時，你會比同期同事們更有機會，成為他們的首選。

資源是形成馬太效應的核心。弱者之所以被稱為弱者，其本質含義是弱者的資源是極其有限的，如何利用有限的資源獲得成

馬太效應

莫菲定律

紅皇后效應

功是讓弱者最困擾的問題。

反正就是不能安於現狀，要集中你的資源去發展你有熱情的事。不要害怕自己出發點不夠高，只要能看清現局，就能找到反敗為勝的動力。

你知道「木桶效應」理論嗎？是指：一個木桶能裝多少水取決於最短的那一塊板，就算其他木板再長也無濟於事。因此有很多人都去補自己最短的那塊板了。但其實如果你想跳出馬太效應的負向循環（壞的會更壞，少的會更少的怪圈），你就要借助「長板理論」，因為在現下的時代，你能否取得成功恰恰取決於你最長的那塊板，木桶效應在當今社會，對個人而言已經失效了。你只需要有一塊足夠長的木板，外加一個有「完整的桶」的意識的大腦，就可以通過合作的方式補齊自己的短板。在這個專業無限細分的社會，你幾乎可以找到任何你需要的東西，其中也包括能力。因此你與其花精力去補自己的不擅長的短板，不如花時間將自己的優勢發揮到極致。做你喜歡並且擅長的事情，心無旁騖，專精在一個極小領域集中火力，做到最好，創立獨特風格，就是要與眾不同！

比如，同樣是社會新鮮人，不要做跟別人一樣的事情，刻意「領先一步」追尋自我成長、在職進修，花時間努力挖到人生的第一桶金。無論是經驗、人脈、能力、專業知識上的累積，追求

可以持續為自己帶來附加價值的勝利，最終才能享受自我提升過程中，由許多小成功累積出來的更大成功、更多資源。建議你可以透以下原則來整合自身的資源。

- 讓自己有一項非常強的專長，發展到極致。
- 盡可能多儲備幾項能力可以搭配著使用。
- 學會借力，透過與人合作或互補，或是自己努力去加強，讓自己的弱勢變得及格即可。

⭐ 勝利會為你帶來資源

　　如果你想超越馬太效應的怪圈，前提是你要先取得第一個成功／勝利，就是要累積資源，可以是經驗、能力、知識、人脈……開始累積你的原始資本。你需要主動學習，必須有超強的求勝欲，強大的心理承受能力和自制力。

　　勝利會增加你的資源，提升再次獲勝的機率，所以你應該追求那些可以持續為你帶來「附加價值」的勝利，如果你是在職場，就要做一個自我驅動型的員工，不能將眼光只放在那八小時之內，抓緊一些公司提供的學習機會或是挑戰，增加自己的經歷等。無論你是一名學生，還是一個工作者，學習都是你人生的第一要務，而且既然要學，就要把自己學成前幾名。用正確的學習

方法，然後持續學習，讓自己成為金字塔頂尖的那些學習者。如果你是創業者，就要努力賺到第一桶金。在生活中不斷創新，在工作中不斷創造，讓自己成為少數站在金字塔頂尖的人，然後一切好運，都會到來。

馬太效應其實是一種累積優勢，當你已經取得一定成功後，就更容易取得更大的成功。作家李欣頻曾分享，在她剛開始工作的時候，買書的錢是生活中一筆沉重的負擔，但是等到後來她寫書出書，成名之後，反而不需要買書了，因為出版社會把大量的書無償的送給她。為何活躍在電視電影上的都是那幾位明星？活躍在知識付費領域的都是那幾個大咖？這是因為，一個人進入了某個領域，一旦成為了這個領域的頂尖人才，那麼這個領域的資源、金錢、人脈，就都會向他聚攏。當你處於強勢時，你散發出正能量的磁場，你會吸引同類人，處處都為你張開臂膀。

可以說「成功」才是成功之母。只要獲得了每一點的成功，就會產生累積優勢，使之擁有更大的機會獲得更卓越的成就。因為馬太效應也是複利曲線。當一個人累積到一定程度之後，他的成功就會大爆發，呈現一個直線上升的趨勢，這和複利曲線是完全一致的。所以累積資源後所造成的差異，是巨大且難以預料的。例如那些先進國家開發出了更有效率的工具，進一步縮短了開發新產品或新工具的時間，循環累積，就將其他國家遠遠甩在

後面，難以追趕。例如矽谷一路在網際網路、互聯網、雲端運用、AI大數據上的新創能量，就是基於「馬太效應」原理。

⭐ 巧借第一名的力量

馬太效應就如同財富效應，當一個人擁有比別人較多的財富時，他就能獲得比別人更多的競爭優勢來獲取財富；當一個人擁有越多的財富，就如同擁有更多的競爭優勢，就好比道路競賽，一個人騎腳踏車追不過騎機車的人；一名騎機車的人追不過開跑車的人。

人與人的差距，其實本來是不大的，但是一旦加上工具，差距就會拉大。所以要善用工具，這個就叫「借力」。你要借別人的力，把它的工具拿來為你所用，如此一來，你馬上就會變得很厲害，也就是說只靠自己的力量，人跟人之間其實差距不大，但有了工具就不一樣了。

在你還不強時，你向強者靠攏，你就可以加入那個錦上添花的作用，資源都是向高效率者傾斜，知識也是一樣，它會向已經很有知識的人聚集，這就是馬太效應。反之，達克效應就是說，那些沒有知識的人，他自己根本不知道自己沒有知識，所以他不會去主動學習新知，新的知識就不會跑到他那邊，所以這個社會

馬太效應

莫菲定律

紅皇后效應

就是充滿了不公平，已經很有錢的，可以說不是那麼迫切需要錢，錢還是會不斷湧向他；已經很有知識了，不是那麼需要新知識了，但新知識還是會不斷湧向他！

你會發現有越來越多的公司網站上會露出相關合作機構，經常有PChome、Line、博客來、中華電信等國內知名企業，為什麼會這樣？這就是借勢，借東風。因為當你看到他們的網站時，會想：這家公司居然服務過這麼多知名企業，那麼這家公司的實力一定不差。公司如此，人也是這樣。所以，我們可以通過和有力人士、知名品牌合作，來巧妙藉助第一名的影響力，提升自己的知名度。

此外，你也可以透過出書或成為講師來證明你是業內的權威領袖或名人，也能吸引各方資源。透過出書或上台演講能快速讓很多人認識你，你能出一本書談某個專業；你能上台演講，證明你具備某一方面的權威，這樣你就很容易得到陌生大眾對你的信賴感。這也是為什麼產品代言都找明星，因為大家都認識他，所以只要找他代言就很容易取得共鳴。簡言之，只要你被公認為某一領域的專業人士，你的優勢和資源就會漸漸累積起來。

所以，如果你想快速成為某專業的權威或名人，趕緊找一個你有興趣的領域，選一個主題認真努力地去學習、去上課，鑽研到精熟，然後針對這個主題寫書或開課，這些我的公司智慧型

立体學習體系都能協助你完成。等你成為權威或名人之後，你就能獲得眾人的信賴感，這樣生意就自然好做多了，而且即使你只是某個領域的權威或名人，在其他領域做生意依然很好做，據統計，保險業務員在推銷別的產品時比一般人好做十倍。保險業務員本來是賣保險的，當他兼著也賣別的產品時，例如鍋子之類的，為什麼也很好賣？因為保險業務員較有機會到客戶的家中拜訪，因而可以輕易地推薦一些器具或民生用品，再加上他的客戶信任他，所以成交率是一般人的十倍以上。

想成為公眾演說高手必須做到三個放下：放下面子、放下架子、放下包袱。公眾演說是可以透過訓練和練習而成功，而出書出版班我們有專業的指導課程並保證出書，這兩個的課程我司每一年也都有舉辦，不敢說是市面上最棒的公眾演說、出書出版班課程，但絕對是CP值最高，保證有成效的課程，歡迎您來報名！

所以，不管在什麼行業，都要努力爭取第一，這樣才能獲得更多的發展機會，才能形成良性循環。這個社會只有錦上添花，沒有雪中送炭！強者的所有的資源都會湧向強者，但強者未必是真正的強者，弱者未必是真的的弱者，關鍵在於行銷，如果你是個弱者，你只要讓人家認為你是強者，你就可以獲取很多資源，所以借力就能發揮很大的效益。

馬太效應　莫菲定律　紅皇后效應

How & Do

累積效應：
從成功走向成功的捷徑

★ ★ ★

　　成功就是一個不斷累積的過程，無論是累積知識、技能、人脈、財富。累積是走向成功，唯一且必要途徑。所以，選定一個方向，然後不斷的累積。一切成長、成名、成功的關鍵，就是馬太效應。

　　成功具有累積性，對於領先者來說就是一種優勢的累計，當你已經取得一定成功後，那就更容易取得更大的成功。馬太效應的奧秘就在於資源的多少，當你的資源累積很多時，馬太效應會為你服務；如果你的資源很少，這個法則就是你難以突破的屏障。

　　在國際競爭上，「馬太效應」也會令人才薈萃的國家，因為發展機會多了，而形成更多的人才願意移民到該國，從而令原本就強大的國家更強大。

台灣政府一年編列的科技發展經費，還不到美國史丹佛大學和加州柏克萊大學兩所學校一年經費的總和。若再加上數十所此類名校、許多國家級研究院，台灣和美國的科技研究水平要拉近，就更困難了。

而人才的「馬太效應」尤為明顯：如某家企業在某一領域人才越多，對其他人才越有吸引力；反之，人才少的地方，被認可的人才越稀缺；就像那些世界知名的名校，如哈佛大學、牛津大學和劍橋大學，成千上萬的學子都想要擠進這些錄取率極低的頂尖大學。所以錄取率越低，代表價值越高，報名的人就更多。

馬太效應說：任何個體、群體或地區，在某一個方面（如金錢、名譽、地位等）獲得成功和進步，就會產生一種累積優勢，就會有更多的機會取得更大的成功和進步。做得越大越強，能夠接觸到的機會和資源也就越來越好。

我們應當如何利用「馬太效應」為自己服務呢？正確的做法是：剛開始時就要把握先機，從一開始就占據領先地位。而如果不具備在某個領域快速獲得成功的實力，想要獲得一席之地，就要不斷地尋找新的發展領域，從而保證得到比較好的回報。想要成功，最好一開始就取得優勢。

一間企業如果能夠率先提出嶄新而有價值的構想，就可以取得他人難以超越的優勢。當你是先行者，你的品牌就會成為那個

馬太效應

莫菲定律

紅皇后效應

產品的同義詞，你甚至可以在其他替代產品出現的時候，設立重重轉換障礙，藉此鎖住顧客。

企業應仔細評估並找出自身的資源優勢，例如人才、財力、創新專利、地理位置，加以發揮並運用後天建立的優異管理制度與經營能力來持續強化競爭優勢。平常就應持續累積實力與競爭優勢，好好掌握每一次機會，擴大經營成果。

檢視你的事業，是否能創造出「報酬遞增效應」。什麼是報酬遞增效應？簡單來說，報酬遞增是一種趨勢，讓領先者繼續領先，而落後者更加落後。

報酬遞增是一種正回饋的機制，在市場的競爭裡，如果有一項產品或品牌，因機緣巧合或是優異的策略，最後脫穎而出，報酬遞增將會增強它的優勢，讓這項產品、公司或技術獨佔市場。「馬太效應」的啟示是，如果你想要研發某種產品，在某個領域保持優勢，就必須在此領域迅速做大。

舉例來說，目前幾乎所有人所採用的鍵盤是 QWERTY 型鍵盤，這種鍵盤在使用邏輯與技術上並不是最好的，但它卻牢牢占據了市場。事實上，Dvorak 於 1932 年申請專利的 DSK 鍵盤輸入速度最快。僅僅因為 QWERTY 型鍵盤最早進入市場，而當使用者全部採用了這種鍵盤，進而形成了習慣，使用者最後，就只會選這種鍵盤，後來的鍵盤雖然在邏輯與技術上比 QWERTY 型

鍵盤先進，但為時已晚。報酬遞增讓QWERTY型鍵盤形成大者恆大的局面。

　　很多人一定很想問，我要怎樣才能創造出「報酬遞增效應」？舉例來說，能夠產生網路效應的品牌，比較容易產生報酬遞增效應，網路效應是指：隨著使用人數的增加，它的價值就越高。例如電話、社交網站、即時通訊……等產品，都能產生網路效應。研發就可以造成報酬遞增效應，就是你賣第一個東西可能是不賺錢的，但是你賣到第100個、賣到第1000個就可以賺很多很多錢。

　　報酬遞增效應，最常發生在，初期成本高，而邊際成本低的時候。大多數的高科技產業都有這種特性，例如，你的公司如果要打造一台性能優異的相機，背後需要很多專業知識以及先進的技術，這仰賴大量的研發工程師，也就是需要非常高的研發成本，而當你的公司研發出來之後，要大量製造這台相機，成本就會變低，因為接下來的都只是製造成本而已。

　　簡單來說，要創造報酬遞增效應，我們需要不斷墊高初始成本，讓競爭門檻變高，競爭門檻越高，能夠跟你競爭的品牌或產品，就會越來越少；而當你所佔據的市場佔有率越高，你的邊際成本就會變得更低，進而獲得更大的優勢。所以你需要遵循以下原則：

馬太效應

莫菲定律

紅皇后效應

- 一開始就要建立起優勢（巴菲特所謂的「護城河」理論）
- 儘早創造出報酬遞增效應

⭐ 要改變遊戲規則就要另闢蹊徑

企業不能長久倚賴「馬太效應」而生存。當市場產生一些變數（例如：金融海嘯），便有機會讓後來者追上、甚至吞併。事實上，一場金融海嘯猶如「洗牌」般，能把各個企業的位置來個重新大換位。因此，企業必須從這場被喻為「百年一遇的世紀金融海嘯」中汲取教訓：有效運用資源，並且要懂得與時間競賽、不斷創新，以便開創利己的另一輪「馬太效應」，以小勝大便不會再是神話，關鍵在於我們是否能善用機遇。

強者會因為失誤或典範轉移而失去優勢；弱者會因為善用資源與趨勢而取得優勢，若沒有實力迅速在某個領域做大做強，就要不停地尋找新的發展領域，才能確保在新市場有發揮的舞台。

而在有強大對手的情況下，就要另闢蹊徑，針對對手的弱項謀進攻之道和自己的優勢去深耕發展。而身為弱勢的這一方，要想彎道超車搶佔市場，就不能按照常規出牌。

因為在贏者全拿的情況下，遊戲規則都是由強者制定的，強者可以藉助自身的優勢成為規則的制定者，這種規則一旦形成，

會形成某種在現存體制中的既得利益集團，如果舊規則對他們有利，他們會力求鞏固既有規則，阻礙新的規則。

為什麼滴滴打車和Uber優步會遭到計程車司機抵抗？因為新的行業規則動了他們的蛋糕；為什麼銀行對支付寶這麼不待見恨之入骨？因為支付寶改變了銀行既有的遊戲規則……Uber的出現，衝擊了傳統的計程車產業；電子書的出現，衝擊了傳統的出版業；YouTube興起，衝擊了傳統媒體。還有許多新興產業打擊了舊有的傳統產業，這樣的產業更迭未來還會持續進行著。

所以，哪怕既有的事物再強大，只要我們從根本上改變遊戲規則，打破你生存的底層邏輯，就可以達到顛覆性的作用。也就是說，在某些情況下一個人的優點可能變成弱點，一個人的弱點也可能變成優點。

要想成為改變遊戲規則的人，就必須具備前瞻眼光和超前意識，不能局限於現在的視野範圍之內，要從未來的眼光看現在的社會，就能找到突破馬太效應的開口。

馬太效應

莫菲定律

紅皇后效應

12

學會讓自己的收益增值

★ ★ ★

一位知名的成功學講師應邀去一家培訓中心演講，雙方談定酬金為300美元，在當時可不是一筆小錢。這場演講規模盛大，參與的成功人士不少。這位演講師從未有過這樣盛大的演講，但他信心十足，所以演講十分成功，很受大家歡迎。與此同時，這位講師還在這場演講中結識了一群成功人士，自己也感覺受益匪淺。

演講結束後，他謝絕了培訓中心給他的報酬，感激地說：「在這幾天中，我的收穫絕不是這幾百美元所能買到的，得到的東西，早已遠遠超出了報酬的價值。」

培訓中心的領導得知之後很受感動，不僅給了他應有的酬金，還將此事告訴了自己的學員，他說：「這名講師能夠深深體會到他在其他方面的收穫遠遠大於他的鐘點費，這說明了他對成功學的研究達到了很高水平，像他這樣的講師，才稱得上是真

正的成功學大師，因為他已經深刻領會了成功的要素和成功的意義，那麼他宣傳的成功學一定很具實用性，閱讀他所著的成功學書籍，一定會得到真正的啟迪。」還將把他的事蹟編寫在網路上，很多人因此買了他的書和錄影帶等產品。後來，出版社還將他的書再版了幾次。幾年之後，他出版書的銷售量就突破了百萬冊，這樣，僅僅在銷售書就有了很大一筆收入。

通過這個故事，我們不難發現，領悟了馬太效應，對於我們獲得更高的收益非常重要。

現實生活中，人人都希望自己富裕起來。那麼，我們不能只看眼前的既得利益，應該把目光放遠一些，看到馬太效應的增值效果，讓眼前的收益不斷增值。

你知道如果不斷對折一張紙，要折幾次才會碰到月亮嗎？大約是四十三次。你可以估算一下。已知地球到月亮差不多是四十萬公里，一張薄紙約0.1公釐，也就是0.000001公里的厚度。以二去乘0.000001，直到四十萬左右為止，或用二來除四十萬，一路除到0.00001左右即可。讓人驚訝的是，並不需要折太多次，因為紙的厚度以等比級數增加，每折一次，厚度就翻倍成長。

財富也是一樣的，不用心去投資，它不過是將四十三張白紙簡單疊在一起而已；但如果用心智去規劃投資，它就像不斷對折

四十三次的那張白紙，越積越高，通過不斷累加，你的收益便會越來越多，高到超乎我們想像。

在現實生活中，人人都希望自己能達到成功的彼岸，因此而變得富裕，可是，要實現名利雙收，我們可不能僅僅限於眼前的利益，要把目光放長遠，猶如一張白紙對折幾次方能到達月球一般，前面總是輕鬆的，而越到後面每折一次都很艱難。

⭐ 投資，讓金錢流動起來

據《塔木德五千年》記載：在古代的巴比倫城裡，有位名叫亞凱德的猶太人，因為金錢太多而聞名遐邇，而令他成為一位知名人士的另一個原因，就是他慷慨好施，對慈善捐款毫不吝嗇；他對家人寬大為懷，自己用錢也很大度。可是，他每年的收入仍大大超過支出。

一些和他一起長大的老朋友常來看他，他們說：「亞凱德，你比我們幸運多啦，我們大伙勉強糊口度日的時候，你已是巴比倫的第一富翁，過著錦衣玉食的生活，如果我們能讓家人也能穿著舒適的衣服，吃著可口的食物，我們就心滿意足了。幼年時我們大家都是平等的，向同一位老師求學，玩相同的遊戲，那時無論在讀書方面或在遊戲方面，你都和我們一樣，並沒有特別出色

之處。長大後你依然和我們一樣，都是同等的誠實公民，然而現在，你成了億萬富翁，我們卻還在為家人的溫飽而四處奔走。看你也並不比我們辛苦，你工作的忠實程度也未超過我們，為什麼命運之神偏偏讓你享盡一切榮華富貴，卻沒有分給我們絲毫的福氣呢？」

亞凱德於是規勸他們說：「你們之所以沒有得到富裕的生活，是因為你們沒有學到發財原則，或是沒有實行發財原則，你們忘記了：財富好像一棵大樹，它是從小小的種子發育而成的，金錢就是種子，你越勤奮栽培，它就長得越快。」

錢是可以生錢的，你只有懂得了馬太效應，大膽地使用你的金錢去投資，才能成一個真正富有的人。

傑森和克里斯是非常要好的同學，他們畢業後到同一家公司上班，在公司裡擔任的職位、領取的薪水也都一樣，此外，兩人也都非常節儉，因此每個人每年都能攢下一筆錢。

但是，兩人的理財方式完全不同，傑森將每年攢下來的錢存入銀行，而克里斯則把攢下來的錢分散地投資股票。兩人還有一個共同的特點，那就是都不愛管錢，錢放到銀行或股市後，兩人就再也沒去管過它們了。

如此這般過了四十年，克里斯成為了擁有數百萬美元的富翁，而傑森存摺上卻只有區區十幾萬。

馬太效應　莫菲定律　紅皇后效應

馬太效應
Matthew
Effect

　　傑森親眼看著昔日的同學兼同事，四十年來薪水收入和他相同，同樣也很節儉，而克里斯卻能成為百萬富翁，反觀一下自己，四十年下來才存了十幾萬。理財方式的不同造成了如今如此之大的差距。

　　投資決定收入。每一次正確的投資，都是在助長現金流動，一段時間之後，現金流動會帶著更多的錢回來。

　　巴菲特說他為什麼成為世界首富之一，因為他找到一個雪球，然後慢慢滾、慢慢滾，滾了近八十年，因為這個坡道夠長才滾成這麼大。所以，現在你也要開始涉入，你一定要懂的是一些投資管道，時下正夯的元宇宙、區塊鏈、虛擬貨幣的項目這些你都要懂，然後慢慢從小錢開始滾，進入善的循環。

　　財富的積累，越早開始越好，這樣就能形成複利曲線。所以，如果你以前不會理財，從現在開始，開源節流，理財投資，學習理財知識，掌握投資方法，增加收入，並不斷地去實踐。你的財富，就會越來越多，乃至爆炸性成長。

Plus

13

馬太效應 VS 張弓效應

★ ★ ★

《道德經·七十七章》：「天之道，其猶張弓與！高者抑之，下者舉之；有餘者損之，不足者補之。天之道，損有餘而補不足。人之道則不然，損不足以奉有餘……。」

意思是說：天地間所運行之道（自然界的法則）猶如張弓射箭的道理一般，要想射中目標，瞄準目標高了，就把它壓低；低了就把它向上抬高；拉得過滿了就把它放鬆一些；力道拉得不夠就補足。自然規律就是削減富餘補益貧乏，從而取得均衡。人類社會的法則就不是這樣，他們總是減損那本來就很貧乏的，去增益那本來就已經很富餘的……。

這就是與馬太效應對應的是張弓效應——「天之道，損有餘而補不足」；而馬太效應是「人之道，損不足以奉有餘」。

老子認為，天道即自然規律是要把有餘的調劑給不足的，以達到平衡和諧的狀況，而凡人的行為準則卻相反，卻是要減少

105

不足的，來奉獻給有餘的人。天道是一種削高填低的動態平衡，比如說高山會被風沙、雨水、泥石流侵蝕，而逐漸被削低，山頂的石塊泥土會被帶到山下，把低窪處填高。水往低處流，它不會自動從低處向高處流，除非你用了加壓馬達。但這樣就是人為干擾，不能算天道了。自然界的發展方向是熵增，物質從實處向虛處擴散，填補不足。但人的行為其實就是在做「熵減」，他們要干預自然方向，甚至扭轉，亦即熱力學定律說沒有別的干預，自然界熵增，所謂別的干預，必定是人的主動行為。

人的「道」就不一樣：損不足以奉有餘。是本來就不夠用，還要被奪走，拿去供奉過剩的人。最傳統的解釋是掠奪本來就不足的老百姓的財物去奉養那些本來就有餘的統治階級。這不就對應到《聖經》馬太福音：「凡有的，還要加倍給他叫他多餘；沒有的，連他所有的也要奪過來。」按人道行事就是掠奪窮人的財產供奉富人，這叫錦上添花，只見「窮者越窮」「富者越富」，財富不均的現象日趨嚴重。

其實對於每個人來說，也都會有「損不足以奉有餘」的情況，怎麼說呢？一個喜歡運動鍛鍊體能的人，他會因為自己體能很好，而讀書不太行，反而會在自己游刃有餘的地方去花時間和下功夫，會自覺或不自覺地老是去做那些「有餘」的事情，而不去做那些「不足」的事情。

人道不同於天道，人道有階級壓迫，富人壓榨窮人創造更多的利益，還有就是人們嫌貧愛富、媚上諂下的風氣等原因讓我們看到了有錢的越有錢，沒錢的越沒錢，這就是我們看到的「馬太效應」。

理想社會的法則，追求的是減去有餘的並且補上不足的，主要作用是「仗義疏財」機制，講究的是公平，比如用稅收手段將高收入人士的財富集中到國家手中，再通過轉移的方式支持低收入人們或地區發展經濟，使不同地區之間經濟發展實現平衡。世俗經濟社會的法則就不是如此，是減損不足的，用來供給有餘的。是鼓勵弱肉強食、大魚吃小魚的，把市場經濟搞得風生水起；馬太效應重效率，贏家通吃，讓一個大公司發展成超級集團公司；張弓效應追求的是社會公平，講求公平，共同富裕，要讓一個個小公司充滿活力。那是組織者以及政府製定政策和裁判市場行為該做的事；可以說——馬太效應給你致富能力，張弓效應給你致富機會。

馬太效應與張弓效應的相互作用機制，就是如果富人有100萬的投資機會，市場會讓富人將這99萬元的投資給郭台銘們，政府會讓富人們把1萬元的公益投資機會給創業大眾；前者就是市場的馬太效應機制，讓壟斷者贏家通吃；後者就是政府的張弓效應機制，讓創業者厚積薄發；這種馬太效應與張弓效應相互發

生作用的經濟運行聯合機制，讓雙方各取所長：馬太效應機制遴選的精英能夠帶領社會經濟迅速累積財富，普羅大眾能夠有機會享受到社會發展與財富成長帶來的紅利，同時通過張弓效應機制的遴選，讓創業大眾也有贏家通吃的機會，有進入精英階層的通道！

Plus
14

馬太效應VS二八定律

★ ★ ★

「二八定律」（The 80/20 Principle），又稱為帕雷托法則
（Pareto Principle）、最省力法則或不平衡原則。這個法則最初
是由義大利經濟學家維弗雷多・帕雷托（Vilfredo Pareto）偶然
注意到19世紀英國人的財富和收益模式。帕雷托從自己的研究
中歸納出這樣一個結論：如果20%的人口享有80%的財富，那
麼可以預測，10%的人擁有65%的財富，而50%的財富，是由
5%的人所擁有的。

在這裡，重點不是百分比，而在於一項事實：財富在人口
的分配中是不平衡的——這是一個可預測的事實。簡單而言，此
法則是泛指在眾多現象中，80%的結果是取決於20%的原因，
譬如說人們的前期努力等。因此，「80/20法則」漸漸成了不平
衡關係的簡稱。這一法則告訴人們一個道理，即在投入與產出、
努力與收穫、原因和結果之間，普遍存在著不平衡關係。意味著

贏家永遠只能是少數人，贏家與輸家之間，常常從開始的細微差距，發展為贏家通吃的結果。

80/20法則與馬太效應有異曲同工之妙。在很多情況下80/20法則的存在造成了馬太效應，馬太效應即強者越強，弱者越弱的兩級分化現象，當然最直接的體現便是財富。

「80/20法則」的提出者帕雷托認為，在任何一組東西中，最重要的只占其中一小部分，約20%，其餘80%的儘管是多數，卻是次要的。這一法則不僅僅存在於人類社會，在自然界也存在——

世界上80%的財富，掌握在20%的人手中

20%的知名品牌，佔據了80%的市場

企業20%的客戶，帶來了80%的效益

企業80%的利潤，來自於它20%的項目

企業80%的利潤，來自於20%的關鍵員工

20%的投資項目，吸收了80%的資金

空氣中，氮氣占78%，氧氣及其他氣體占22%

「馬太效應」指的就是富的更富、窮的更窮，強者更強、弱者更弱。日常生活中，這樣的例子無處不在，無時不有；朋友多的人，會藉助頻繁地結交更多的朋友，而缺少朋友的人則往往不時孤獨；名聲在外的人，會有更多的出風頭的時機，因此更加

知名；容貌漂亮的人，更引人注目，更有魅力，也更輕易討人喜歡，因此，他們的機會比一般人多，例如演員、模特兒；一個人受的教育水準越高，就越可能在高學歷的環境裡任務或生活。在我們這個社會，富人才有錢去賺更多的錢，窮人的錢拿來果腹都有困難，更不用說用來投資了。那些成功人士往往有更多的社會資源，更容易取得額外的成功，普通人要想成功，就要付出幾倍、幾十倍的努力。

「馬太效應」與「二八定律」在很多領域都有廣泛的應用，對個人來說，你是否屬於註定會變得更弱、更窮的人？在社交圈子、在工作單位你是否是那次要的80％？你是否將自己八成的時間和精力都放在了重要性只有20％的事情上？這是值得思考的問題。

學生時期的我們每天埋頭苦讀，成績卻平平，排除了一少部分智商因素，很可能就是有八成的時間都放在了不產出效果的地方。職場也是如此，很多人埋頭苦幹，事情做完一件又一件，加班從來不在話下，但是卻永遠升不了職、加不了薪……目前你的收入是否還在原地踏步，你是不是許久沒有升遷加薪，你的生意是否經營困難，當你正處在瓶頸期的時候，冷靜下來思考，你到底哪些地方做錯了，你的精力是否放在了能有效提高生產力的關鍵點，還是你每天像和尚敲鐘般，重複著低產出的動作。

　　回想一下自己的工作和生活狀態，是否也是如此：八成的工作產出，源自於二成關鍵點的付出。也就是說你的工作和生活只有二成的有效努力在創造產出，其餘八成的努力可能是無用功。

　　想要進入馬太效應裡那一少部分富人堆裡，就要好好實踐80/20法則，才有突破階級、晉升為富人的可能。若是想將二八思維快速融入到你的工作和生活中，明白因和果、努力和收穫之間，普遍存在著不平衡關係。典型的狀況是：80%的收穫來自20%的努力；其他80%的力氣只帶來20%的結果。所以要先梳理你的工作和生活，要做一下深度分析，權衡你該做哪些不該做哪些。總結出什麼是20%關鍵要做的事情，砍掉剩餘的無效的精力投入，而且要經常做這類的總結，不斷地進行20%優化，經過一次又一次反覆的優化過程後，用80%的精力投入到20%的關鍵點上。要做一個真正的贏家，並不是要跟別人隨波逐流，反而是要學會如何讓自己增值，才是現今社會的生存之道。

莫菲定律

由愛德華・莫菲（Edward A. Murphy）
於 1949 年提出
如果壞事有可能發生，不管這種可能性多麼小，
它總會發生，並引起最大可能的損失。

視頻連結：https://youtu.be/eh6a0BOaiZY

MURPHY'S
LAW

What & Why

1

「莫菲定律」背後的故事

★ ★ ★

　　不知道你是否曾有過這些經歷——

- 課堂上在底下暗自祈禱「老師別叫我」，只要有這個念頭，老師必然叫你起來回答問題；

- 開會時，希望不要被老闆點名發表意見，卻總是被指名；

- 寫報告敲了幾千字，心裡想著寫完這段就儲存，結果電腦不是當機了，就是遇上停電；

- 你有急事急著要攔計程車，但不是已經載客就是不搭理你，而平時不需要叫車時，卻時不時就有計程車主動停到你面前。

- 平時出門包裡都會放一把傘，某天看著天氣不錯，應該不會下雨，所以就沒帶傘，結果那天臨時去給客戶送資料，很不巧地就遇上下大雨……。

　　這就是神奇的莫菲定律！怕什麼就來什麼，越擔心的事越會

發生？

莫菲定律的提出者是愛德華‧莫菲（Edward A. Murphy），他提出莫菲定律完全屬於機緣巧合。

「莫菲定律」的故事

莫菲定律也稱默菲定律、莫菲定理，最早起源於美國愛德華茲空軍基地的工程師愛德華‧莫菲（Edward A. Murphy）的工作感想。

一九四九年，莫菲參與了一項專門研究人類對加速度承受能力的實驗──MX981火箭減速超重實驗。

其中有一個實驗環節是將16個精密傳感器裝在受試者座椅上，然後加壓，只要傳感器沒有發出警報，就能再繼續加壓，以便研究人員記錄實驗過程中受試者對加速度的承受能力數據。傳感器需要安裝兩條接線，一旦接反的話，就無法讀取實驗數據。當這些傳感器安裝完畢後，實驗進行結束後，研究人員傻眼了，竟一個資料都沒有。原來，這16個傳感器的接線居然無一例外地全部接反了，導致實驗結束之後未能獲得任何數據！

面對這樣的結果，莫菲上尉很無奈地表示自己在設計傳感器的時候沒有考慮到有人會將線接反的可能性。他自嘲道：「如果

一件事情有可能被人以錯誤的方式處理，那麼，最終肯定有人會犯下這樣的錯誤。」也就是說，不管科學技術如何發達，只要有人參與，就不可能確保每一個環節都不出錯。事實上，步驟越複雜，參與的人越多，出錯的機率就越大。

莫菲的這段自我調侃在愛德華茲空軍基地傳開了。一句本沒什麼太深的含義，只是說出了壞運氣帶給人的無奈。或許是這世界不走運的人太多，或許是人們總會犯這樣那樣錯誤的緣故，這句話被迅速擴散，最後竟然演繹成：「事情如果有變壞的可能，不管這種可能性有多小，它總會發生，並引起最大可能的損失。」這就是二十世紀最著名的心理學定律——「莫菲定律」（Murphy's Law）的起源。

莫菲定律在技術界不脛而走，因為它道出了一個鐵的事實：技術風險能夠由可能性變為突發性的事實。隨著時間推移，莫菲定律迅速流傳到世界各地，並且不斷擴充它的原始意涵，而最常見的說法就是：「凡事只要有可能出錯，那就一定會出錯！（If anything can go wrong, it will.）」同時也出現越來越多的版本詮釋，例如：「如果壞事有可能發生，不管這種可能性有多麼小，它總是會發生，而且還會引起最大可能的損失。」

What & Why

你知道莫菲定律嗎？

★ ★ ★

「莫菲定律」就像一首民謠中所唱的：「I never had a slice of bread particularly large and wide that did not fall upon the floor and always on the buttered side.」在日常生活中，人們將很多事情都歸結為莫菲定律的作用，比如，當吐司麵包掉落時，你擔心塗著果醬或奶油的那一面會著地，那麼事實就正好會和你所擔心的一樣，一定是塗滿果醬的那一面朝下掉落，直接弄髒你的地毯。簡言之，「莫菲定律」是指看似好像一件事好與壞的機率相同的時候，但事情還是會朝著糟糕的方向發生。

你越擔心，就越如你所想？但這些事情，是偶然嗎？在公車上，皮夾好好地放在褲子口袋裡，因為你老是擔心車上乘客太多而弄丟，於是你不停地去摸一摸、看一看。結果，你不斷查看的動作反而吸引了扒手的注意，最終，扒手趁著人多擁擠，在你的眼皮子底下將你的皮夾偷走了。

馬太效應

莫菲定律

紅皇后效應

　　你是否也有過這樣的體會，你要等的262公車，等了半天都等不到，倒是5號公車時不時就有一班車過去；有一天你要等5號公車時，竟然老是等不到，而262公車卻連續來了幾輛；當你需要叫計程車時，你發現街上所有的計程車不是有客就是根本不搭理你，而當你不需要計程車的時候，卻發現有很多空車在你周圍打轉，只待你揮揮手就能叫到車；你不小心打破了玻璃杯，儘管仔細檢查和清理，也不敢光著腳走路，等過了一段時間確定應該沒有危險了，沒想到才光著腳走沒幾天，你還是被碎玻璃割傷了；上大學時，某位教授幾乎從來不點名，你也不曾蹺過課，但剛好某一次被學長拜託去做其他事，心想：「好吧，應該不會那麼倒楣吧」，結果就真的那天老師破例點名了；你出門等公車，車很久沒來，直到等不了，趕緊招台計程車，下意識的回頭一看，你要等的公車正緩緩進站；家中閒置很久的物品派不上用場，你才剛丟掉，結果過幾天你就要用到它……這樣的無可奈何，很多人也都深有同感，在我們日常生活中卻是時常發生，只是你沒注意到而已。

　　莫菲定律告訴我們，只要事情有變壞的可能，那它總是會朝著你想到的不好的方向發展。不管這種可能性有多小，它總會發生，並造成最大可能的破壞。

莫菲定律的原句是這樣的：If there are two or more ways to do something, and one of those ways can result in a catastrophe, then someone will do it.（如果有兩種選擇，其中一種將導致災難，則必定有人會做出這種選擇。）。

之後，人們又更進一步探討莫菲定律，從中闡釋出四個主要內容：

- 任何事情都沒有表面上看起來的那麼簡單。

  Nothing is as simple as it seems.

- 所有事（任務）的完成周期都會比你預計的時間長。

  All things will be a long time than you expect.

- 任何事情如果有出錯的可能，那麼就會有極大的機率出錯。

  Anything that can go wrong will go wrong.

- 如果你擔心某種情況發生，那麼它就很有可能發生

  If you are worried about some sort of happens, then it is more likely to occur.

那麼，既然事情永遠都不可能朝最好的方向發展，而且一旦有可能變糟，它就一定會變得很糟糕，那麼是不是在莫菲定律面前，我們就只能聽天由命了呢？

馬太效應

莫菲定律

紅皇后效應

　　其實不然，我們理解了莫菲定律，就能正確的認識它，並且利用它。比如，如果你承認自己的無知，「莫菲定理」會幫助你做得更嚴密些。恰恰是在提醒我們，在做一件事之前，首先要在枝微末節上重視各種出錯的可能性，並做好周全的準備和預防，這樣才能將盡可能地將隱患扼殺在萌芽之時。

莫菲定律成立的前提

★ ★ ★

　　電影《星際穿越》中，庫珀曾對女兒莫菲說：「莫菲定律並不是說會有壞事發生，而是說只要有可能，就一定會發生。」莫菲定律並不是一條嚴謹的科學定律，它和「蝴蝶效應」一樣，只是根據經驗總結出來的一般性規律。而我們從統計學和邏輯學的角度來看，莫菲定律若要發揮作用則要滿足兩個條件：

　　1. 大於零的機率，哪怕是小機率事件；

　　2. 時間足夠長，也就是樣本數夠大。

　　如此，莫菲定律就一定會實現。假如少了這兩個前提的任何一個，莫菲定律就不可能實現。例如，一個人如果不是一輩子都關在家中不出門，那麼他就有大於零的機率會出現車禍。就好像沒有人可以果斷地說在未來這張餐桌上就不會再有一處一模一樣的裂痕，只能說機率將無限接近於0。

　　愛因斯坦曾說：「上帝不擲骰子。」世上沒有所謂的巧合，

馬太效應

莫菲定律

紅皇后效應

而是低機率事件不斷重複去做，必然會發生的結果。就像是闖紅燈被車撞的機率可能是10%，但如果你不斷重複去闖紅燈10次、100次，那麼意外就肯定會發生。所以小偷闖空門早晚會被警察抓，開車免不了會出交通事故……只有排除一切會造成不幸的可能性，才能讓意外不發生。

在數學統計中，有一重要的統計規律：假設某意外事件在一次實驗（活動）中發生的機率為P（p>0），則在n次實驗（活動）中至少有一次發生的機率為Pn＝1-〔（1-p）的n次方〕。由此可見，無論機率P多麼小（即小機率事件），當n越來越大時，當實驗次數n趨向於無窮時，Pn會越來越趨近於1（也就是該結果發生的次數大於等於1次）。假設你離開家卻忘記帶鑰匙的機率是P=1／1000，你記得帶鑰匙的機率就是999／1,000，然後十年來你每天都出門，n等於365乘以10＝3650，Pn＝1-〔（1-0.001）的3650次方〕，算出來這個數值是：0.974056293其實已趨近於1，這個千分之一是一個非常小的機率，但長期慢慢累積起來，就有97%的機率，就是說在往後十年你至少會有一天忘記帶鑰匙。這告訴我們，一件事情無論發生的機率有多小，只要重複去做這件事，那麼其發生的機率就會無限接近1。也就是說即使一個事情失敗的機率再小，只要重複的次數足夠多，和時間拉得足夠長，錯誤必然會發生。是不是完

全符合「莫菲定律」的核心內容：「凡是可能出錯的事有很大機率會出錯」，指的就是任何一個事件，只要具有大於零的機率，就不能夠假設它不會發生。

　　所以，我們可以將它拆解為：1. 事情有變化的可能性。 2. 變壞的可能機率，以及這個機率總會發生。所以我們能做的就是——盡可能降低機率P，盡可能減少事件n，使Pn值始終小於1。只要從這兩大方向著手，就能規避莫菲定律的發生。

1 事情有變化的可能性

　　提高憂患意識，對於可能發生的大損失事件，哪怕其出現的可能性很小，也要提高警惕減少其發生的可能。當我們意識到事情有一點點變化時，很可能是很微小的一個念頭，小到一閃而逝。而如何能及時捕捉住這突然從腦中乍現、一閃而過的想法呢？首先，當腦中突然閃現一個問題點或靈感時，可以隨手記錄在手機裡，或是手邊的筆記本，以便能回頭查閱。這些突如其來的想法，很可能就是火種：不管是好的事情還是壞的事情，其實都是你曾經一閃而過的念頭。

2 可能變化的機率，以及這個機率總會發生

　　如何讓可能變化的機率縮小到趨近於0，這就是本定律重要

馬太效應

莫菲定律

紅皇后效應

著力點所在。對此，我們應該不斷提升技術、能力水平，提高安全水準，減少隱患，是避免事故發生的最根本途徑。透過不斷降低失常或錯誤的發生機率P，使P不斷趨近於零，我們就能無限延長壞事到來的時間。此外，還要減少不必要的冒險，減少中間環節，就能大大降低壞事發生的可能性。

　　例如，如果你是經常出門都會忘記帶鑰匙的人，就不妨在家門前鞋櫃藏一支備用鑰匙？如果你擔心專案進度被拖延或是延誤，為何不先把整個時程往前排一點，好留下一些餘裕時間？知道老師要抽考，那就事先把所有題型都複習一遍。

What & Why

4

什麼叫「倒楣定律」？

★ ★ ★

　　有句俗話說：「怕什麼，來什麼。」這其實就是莫菲定律的另一種表達方式。你預計暑假帶家人去小琉球旅遊，當出發的日子越近，你擔心若是生病將影響提前計畫好的旅行，所以你特別小心翼翼地照顧著自己的身體，可出發的前幾天，你還是感染了COVID-19，因確診家人也要一併隔離，只好放棄了旅行計畫。在你忙碌的工作之餘，偶爾滑個手機，偏巧被老闆撞見；或是以學生考試來說，擔心考試會不會考到自己沒有複習的部分，結果沒想到，考試出的題剛好是自己沒看的……它似乎是一道魔咒，我們心心念念不要出現的結果，卻中了邪似地應驗了，所以莫菲定律也被戲稱「倒楣定律」，彷彿就像是一縷幽靈環繞在身邊，總是伴隨著厄運的發生。

　　你是不是覺得生活還挺能折騰人的，可能很多人心裡會這樣想：難道是生活故意刁難我，我怎麼這麼倒楣呢？其實，不是！

馬太效應

莫菲定律

紅皇后效應

125

最大的問題還是在於人的心態。如果你過度擔心一件事，不能以平常心去看待它，那麼最終的結果就會讓你大失所望，甚至與你的期望背道而馳。

莫菲定律其實是一種心理學效應，說穿了就是受到人們心理認知的影響。你越擔心什麼，就會發生什麼，這個「擔心」才是讓莫菲定律發生的前提條件。想一想，我們之所以覺得莫菲定律很準，就是因為當不好的事件發生時我們才會特別注意到它，如果事情是如自己預期般順利發展，我們是絕對不會聯想到莫菲定律。只有壞事發生了大家才會印象深刻，沒發生的時候，「莫菲定律」也不會背「預測不準」的鍋，這就是一種倖存者偏差。

★ 都是心理因素在作怪

莫菲定律其實是一種選擇性記憶的心理學現象。順利的事情，不會令人記憶深刻，只有那些讓人感到憤怒、挫敗和痛苦的記憶，最難磨滅。一個人記憶的累積，往往只會記住不好的事，對於好事，通常視為理所當然就過去了，久而久之你就只記得不好的事、糟糕的事。如果你結婚之前有兩對象讓你選擇，你一定會選到那個比較差的。為什麼呢？因為通常在你結婚以後，才會發現你的另一半有很多缺點，你就會開始想，如果當初選的是另

外那位，應該會比較好吧。所以我才說，如果「選」一定會選到不好的，為什麼會有這種情況？因為莫菲定律是由心理學造成的！

例如，從我們公司魔法教室出來等公車。公車站有5號公車，也有262號公車，如果你今天要等的是5號公車，沒多久5號公車就來了，然後你就上車。這件事的發展太平常、自然，你視為理所當然，也就不會特別記在心上。但如果你等的5號公車怎麼等就等不到，等來的一直是262公車，你在心裡就會唸叨著這件事，開始記住這件事。那麼，什麼時候會爆發呢？就是有一天你要等262公車的時候怎麼來的都是5號公車，你就會開始抱怨：「我之前等5號公車的時候來的都是262，我真倒楣！」因為你等5號公車的時候，偏偏來的都是262啊；你等262的時候偏偏來的是5號公車，你說你倒不倒楣？事實上不就是大數法則，你如果每天都在同一個地點等公車，你有的時候等5號公車，沒多久5號公車就來了；有的時候等262公車，262很快就來了，因為都很順利就等到車，所以你也不會特別在意，也不會刻意記住這件事。可是當你等262的時候，等來的都是5號公車，你就開始記住這件事，開始不斷地加深你的印象。

這是因為人們總是會記得痛點，而忘了快樂點，舉例說明，父母對孩子做的100件好事，小孩都不會記得，但對孩子做了一

馬太效應

莫菲定律

紅皇后效應

件不好的事（如扣零用錢）小孩就會記得那件壞事；人總是在牙疼的時候才會去看牙醫，你是不是也是這樣？其實我們都知道要定期檢查和洗牙，但大家都不這樣做，都是等到牙齒痛了才要找醫生。所以我們對錯事、壞事是記憶深刻的。當你覺得自己很倒楣的時候，其實不是你很倒楣，這是一個機率問題，只能說當發生那些不好事件的時候，你會記憶深刻。就像我現在回憶我小時候的事，好像大部分記得的都是不太好的事，小時候好的事我好像都記不清了。

其實人生除了運氣之外，就是大數法則。你買一次樂透，中了大獎這叫做運氣好。假設你每天出門都會帶家裡的鑰匙，可是就會有一天你出門忘了帶鑰匙，這是一個機率問題，可能一年365天，10年3,650天就有一天你忘了帶鑰匙，造成你那一天很麻煩，有家進不得，那天就會在你的腦海留下深刻記憶。不趕時間時，哪怕每個路口都遇到紅燈，你也不會有太多感覺，因為沒有緊急事情被耽擱的焦慮和痛苦。

「莫菲定律」的核心內容：「凡是可能出錯的事有很大機率會出錯」，指的就是任何一個事件，只要具備大於零的機率，就不能夠假設它不會發生。出門忘了帶家裡鑰匙，是不是一件很嚴重的壞事呢？可是壞事必然會發生，果然有一天就忘了帶，其實也就那麼一天而已，但你就記住了。

　　每個人都會想，這機率這麼小的事，根本就不可能發生，更別說落在自己身上。實際上這種機率問題一定會發生，當人數不斷增加，發生的機率將不斷增大。每個正常的人都是自己的主角，認知空間都以自己為中心，每個人都會自稱「我」，稱別人為「你、他、她……」。所以，這個極端機率必定會發生到「我」的身上，不會發生在別人身上。當然，你會難以置信，但它的確發生了。

　　想說去巷口買個便當，一小段路而已就沒戴安全帽，結果就有人來檢舉你沒有戴安全帽；蹺班跑去樓下買咖啡，結果就在咖啡店遇到老闆，你就做那麼一件壞事，偏巧就被老闆看到了，真是倒楣啊！你只要不帶傘就會碰到下雨，而你帶傘的時候呢，老天爺就是不下雨……併排停車一下去便利商店買飲料，不過兩分鐘而已就被員警開單……你就一次沒帶手機出門，結果就碰到大明星，沒辦法合照，真是太可惜了……因此「莫菲定律」也被稱為「倒楣定律」，驗證了「凡是可能出錯的事，都會出錯」。其實並不是「莫菲定律」有多準，而是有些事早已經註定。

　　越怕出錯，越會出錯，成為了人們對於莫菲定律最簡單的闡述。

　　我們不希望「厄運」發生，如果在事情發生之前，是不是可以提前採取措施去避開呢？比如你擔心放在桌角邊上的刀子會掉

下來，結果真的就了掉下來，還就弄傷了你的腳，那麼如果在你擔心有可能發生不好的事情時，在刀子掉下來之前就把它移到一個安全的地方，不就能避免了嗎？所以防患於未然是避免莫菲定律發生的方法之一。

有些錯誤並不會因為你聰明、思慮周到，或者技術純熟就能夠避免。莫菲定律無處不在，當你忽視它的存在，就會受到它的懲罰；當你正視它，了解它的成因，就會得益於它，因為你懂得防患於未然。

每一件事情發生的機率都是既定的，之所以有些事情會發生，這也取決於後天的一些先決條件。

艾莉和丈夫關係不好，覺得兩個人的婚姻生活很壓抑，甚至讓她考慮是不是要離婚。當她將婚姻的期望值降到最低的時候，自然而然在行為上也陷入了習得性無助。什麼是「習得性無助」，是指因為相信痛苦一定會來到，於是選擇放棄採取行動，接受預期的痛苦結果。

所以艾莉不再對這個婚姻付出努力，更是抱著特別悲觀的態度，怨天尤人。夫妻二人之間的問題就一直僵在那裡，誰也不願去努力做些什麼。因此她和丈夫最後的結果自然會如她一開始預測的那般以離婚收場。身邊的親朋好友知道了不免感嘆道：「不想發生的還是發生了。」其實並非如此。正是由於我們在行為上

沒有付出努力，致使這種結果就早已註定。

當我們預測到危機存在時，不應該恐懼，而是應該努力去調整自己的心態。當我們害怕某一件事時，情緒和思緒都不夠穩定，越是緊張憂慮，反而越容易將事情辦砸。就像是老闆給你分配了一個你不太熟悉的任務，你怕搞砸了，所以遲遲不敢動手，更是處處小心，結果進度緩慢，沒能按照約定的時間完成，最後客戶也生氣離開了。男女雙方談戀愛，女生怕對方因為某件小事誤會自己，所以就刻意隱瞞，生怕對方知道，結果無意間，男方從別人口中得知了這件事，反而引起更大的矛盾。這也正是為什麼，越害怕一件事情，就越容易發生的一個原因。做事情的時候，提前預料到危機是慎重的，但是要靜下心來思考如何去將問題的傷害性降到最小，積極找尋應對問題的方案與解決問題的方法。相比較於憂慮，我們更應該正向、積極地去考慮問題，想辦法去避免和改善。

所以莫菲定律背後的邏輯是「人們對於不好的事情，總是容易記得」。人腦這種更能記住挫折的機制，其實是一種保護機制，一種從生理和心理上抑制盲目樂觀，保護我們免受重大傷害的機制。

當你「擔心某件事情會發生」時，你的擔心、你的焦慮其實就是一種徹頭徹尾的負面情緒，負面情緒當然會帶來不好的結

馬太效應

莫菲定律

紅皇后效應

果。因為一直擔心發生壞事，導致做事情的時候，憂心忡忡，不能全身心地投入工作，加深這件事的不良發展，導致更糟糕的結果出現，這是一種心裡暗示型的預言。消極的心理暗示帶來消極的情緒，消極的情緒又影響了你的發揮，然後看到失敗的結果，便認為是「莫菲定律」在作怪，對於沒有把握的事情，即使有眾多好處，壞處只有一項，你首先想到的也可能是那一項壞處，出錯是難免的，因此出錯時，便先將原因歸咎於莫菲定律，於是「莫菲定律」再次奏效，無非就是人們為自己的過錯，尋求一種開脫和安慰罷了。其實只要我們放平心態，理性看待，所謂莫菲定律，根本就沒那麼可怕。

⭐ 如何避免「倒楣定律」？

小明騎著自行車去上學，因為沒仔細看路，自行車從一個小坑上行駛過去，導致自行車顛簸了一下。小明很生氣，心想：「為什麼我每天都走這條路，小心翼翼的時候就沒問題，可偶爾一次沒看路就會碰到這個坑，太倒楣了吧。」正如莫菲定律所說，無論發生壞事的機率多麼小，只要經歷的次數多了，它必然會發生，同時很有可能會發展成極端——例如因為顛簸導致自行車掉鏈子而上班遲到，然後被公司記過甚至開除。

當你發生了第一件倒楣事，心想「怎麼我就這麼倒楣？」你會把注意力放在這件事情上，比如因為手機突然當機了，心裡難免焦慮、焦燥，於是在和客戶交談時也是帶著情緒的，應對就不得體，生意自然就談不下來，回公司交不了差，自然是挨了老闆一頓罵，這一系列的消極行為就導致你接二連三地遇上「倒楣事兒」；當人們倒楣時，會不自覺回味以往生活中的諸多不順，並在腦中不斷強化其負面影響以至於影響到當下，步入一種惡性循環之中，這也是為什麼有的人會「持續不斷地」倒楣的原因。

理解了這個邏輯，你應該知道如何正確的面對「倒楣事件」，並即刻終止「倒楣事件」再次發生。其實小明只要理解一個道理：他每次能避開小坑洞的原因，不是因為他每次都有仔細看路（付出），就是因為沒看路時碰巧也沒碰到小坑（運氣好）。如果小明能明白每次的順利出行並不是理所當然的，那麼在面臨偶而遇上不好的事的時候就能夠坦然接受。好運並不會時時都在，所以最靠譜的方式就是多注意路況。

有句成語叫「顧此失彼」，當我們把所有的注意力都放在一件事物上時，我們很容易就會忽略掉周圍的其他東西，當我們身處楣運中，正在倒楣時，我們往往會更害怕接下去將要發生的事情，內心變得害怕，這使得我們無法集中精力去把事情做好，事情沒有做好後我們又會受到「懲罰」，接著更加「倒楣」，從此

陷入惡性循環當中，變得「越來越倒楣」。那麼要怎麼做才能有效阻止「楣運的惡性循環」？你可以這樣做──

　　在思想心態上不要過於注重關注這些事件。自信的人，堅信自己的倒楣只是一時的，不會沉湎於負面情緒中無法自拔。他們不會怨天尤人，推卸責任，而是用清醒的頭腦分析自己這次「倒楣」的根本原因，對倒楣事件產生的負面結果做正面的應對處理。當不可避免的必然趨勢發生時，不用過分擔心與焦慮，以平和的心態坦然面對。與其在焦慮、緊張的心理狀態下造成錯誤判斷，不如冷靜下來仔細分析再決斷。這樣遇到任何問題都能坦然面對！

　　俗話說：「不怕一萬，只怕萬一」。與其什麼都不做順應自然，不如直接對可能會發生的負面情況提前做好預防工作。將自己內心害怕的東西揪出來，直接面對，而不是因為怕了而逃避，通常越逃避越做得不好，壞事就一定會發生，所謂越怕鬼越見鬼！

　　用積極、正能量去面對新的事務，如果你想幸運的話，請調整自己的心態、改變自己的氣場，轉移注意力，多看一些積極正向的事情，別讓自己沉浸在消極情緒當中，一個氣場消極的人，是不會被好運眷顧的。

What & Why

5

樂觀主義偏差

★ ★ ★

20世紀中葉，樂觀主義籠罩全球：科技突飛猛進，於是許多人認為人類從此可以抗衡宇宙。殊不知，正是這種盲目的樂觀主義，使我們忘記了，與茫茫宇宙相比，人類不過是一粒渺小的塵埃。過分樂觀會使人無法看清眼前的形勢，從而做出錯誤的選擇。比如，認為自己能夠同時完成很多項工作，最後卻無法如期完成。人類很聰明，並且正變得越來越聰明，但永遠也不能徹底了解世間的萬事萬物。人類有自身的局限性，無論多高深的智慧也不足以理解世間萬物，自然也避免不了犯下各種錯誤。正是因為如此，世界上才會有這麼多大大小小的不幸事故、災難發生。

2003年，美國「哥倫比亞」號太空梭在返回地面途中，在美國德州中部上空突然解體，機上的六名美國太空人及首位進入太空的以色列太空人全部遇難。太空梭的失事其實並不意外，如此複雜的系統如果不是在今天出事，可能明天也無法避免。而事

馬太效應

莫菲定律

紅皇后效應

故之後，人們必須要做的是積極尋找事故原因，以避免下一次事故的發生。

在心理學領域，有一種現象被解釋為「樂觀主義偏差」。它指的是人們傾向於認為，自己更可能經歷積極事件，而別人比較會遭遇消極事件的現象。意思是說，人們傾向於認為在同樣的情況下，別人更可能遇到「壞事」，而很自信地以為自己「不會遇上那些不好的倒楣事」。

就像2022年南韓首爾梨泰院在10月29日晚上發生嚴重人群擁擠事故，導致重大死傷，震驚國際，事件造成超過150人死亡。有多少人是看到現場湧入大規模人潮，萬頭鑽動，還一心想擠進去參加活動，沒有意識到危險，心存僥倖地認為只要小心一點，留心不要跌倒，應該不會那麼倒楣吧，卻沒想到意外即將發生。一名南韓男子10月29日帶著妻小到梨泰院，看到人群越來越密集，不僅無法通行，壓迫感越來越強，孩子也開始感到害怕，驚覺一家人再繼續前進可能會出事。他當機立斷，即刻決定帶著妻小往回走離開這裡，才順利逃出死亡危機。

一位瑞典心理學家歐拉·斯文森（Ola Svenson）研究發現，有九成的美國司機認為自己的駕駛技術高於平均水平。幾乎有半數的受訪者都認為自己是最安全司機。事實卻恰恰相反，很多事故正因為司機自視過高，才導致了大大小小的不幸事故。就

像很多溺水事故，都是發生在會游泳的人身上。在商業世界中，因盲目樂觀而導致決策失誤的企業案例不在少數。

串流媒體龍頭Netflix，中文譯名網飛，集製作、發行、播放為一體，在世界各地提供網路隨選串流影片的OTT服務公司，其市占率超過了所有其他影片網站的總和，是當之無愧的媒體巨頭。但這間公司卻在2011年因盲目樂觀而導致決策失誤，股價下跌超過了二成。

2011年9月18日，Netflix的執行長和共同創辦人里德・哈斯廷斯（Reed Hastings）在官方部落格上宣佈，Netflix將分割出旗下的光碟出租事業，決定將業務分流，並重新命名為「Qwikster」，其唯一的重大變更是這項服務將有自己獨立運作的網站。此外增加額外付費的電子遊戲出租服務，欲使用光碟出租服務的Netflix訂閱者，必須使用不同的網站來連結Qwikster。

但此舉大受抨擊，引起大量用戶的強烈反彈，公司不僅流失了80萬用戶。不到一個月， 2011年10月10日，哈斯廷斯宣布中止計劃中的Qwikster服務，將光碟出租服務繼續保留為Netflix的一部分，成功力挽狂瀾，業務得而重上正軌。

之後，哈斯廷斯親自承認自己犯了「過度自信」的錯誤，沒有考慮到用戶的利益。從Netflix過於武斷的決策來看，正是這

馬太效應

莫菲定律

紅皇后效應

種「樂觀主義偏差」，鈍化了其對潛在問題的感知，從而釀成了糟糕的結果。莫菲定律的意義正在於此，它提醒人們不要盲目樂觀、狂妄自大，讓人們謹記這種盲目樂觀主義所帶來的風險。

古語云：「萬事必作於細。」莫菲定律一方面警告我們，最壞的情況一定會發生，無論是對技術還是機率都不要盲目自信，另一方面也提醒著我們：防微杜漸，事先儘量考慮到每一種可能性，消除潛在隱患。

忽視潛在隱患

★ ★ ★

心理學上有一個有名的實驗，是由伊利諾大學的Daniel Simons學者所執行的「看不見大猩猩」實驗（Invisible Gorilla Test）。實驗是這樣的，受試者被要求在觀看影片的時候，要記住影像中黑白兩隊籃球隊員中，身穿白色服裝的運動員傳球的次數，時間很短，只有一分多鐘。但影片觀看結束後，受試者卻被問到另一個問題：是否有注意到影片中的那隻「大猩猩」。結果令人意外：約有一半的受試者都沒有看到那隻「大猩猩」！當你仔細數著白衣球員傳球次數時，就會盡可能的撇除其他干擾物，因此就算大猩猩站在影片中央且大力搥胸，也會無視牠的存在。

這個現象被稱為「不注意盲視」（Inattentional Blindness）。就是指當人們全神貫注某一點時，很容易就忽略身邊的事，即使周圍發生再不合理的事件，很顯眼、一眼就能瞧見，我們卻渾然不覺。

馬太效應

莫菲定律

紅皇后效應

　　所以，莫菲定律告誡我們，預感不對的事情一定不要去做，否則就是冒險！感覺好的事情也不要盲目樂觀，因為成功很難！

　　在商業世界中，有不少因為忽略「隱患」而慘敗的案例。

　　一直想在影片領域發力發光的騰訊，早在 2013 年，就推出 APP「微視」，是一款主打社交短視頻（影片）分享的應用程式，用戶可以拍攝 8 秒鐘的短片並分享到視頻社區，將拍攝的短視頻同步分享到微信好友、朋友圈、騰訊微博。可以說「微視」從短視頻賽道出發的時間遠遠早於快手、抖音。那時的微視擁有馬化騰親自拍攝的短視頻宣傳，備受矚目和期待。

　　一開始，「微視」占盡騰訊資源優勢，一度在 APP Store 免費排行榜排名第一。微視 APP 打的是「8 秒無限歡樂」，但要在短短 8 秒內完成背景、鋪墊、高潮、收尾相當困難，看似降低門檻的「短」反而在效果方面增加了很高門檻。也因為 8 秒影片的商業模式非常有限，微視內部危機早已埋下。所以在上線不到一年後，微視就陷入頹勢。

　　到了 2015 年，微視仍然沒有找到正確的產品方向和變現手段，就在此時，同期的對手開始快速成長，且不論當今短影片一霸「抖音」，其他瓜分剩餘市場的攪局者「美拍」、「秒拍」等也都把微視甩在後頭。微視背靠騰訊這座流量的大山，不得不

說，起點就比別人高了一大截。只可惜，微視後來的表現差強人意，一直懸而未決的「隱患」，最終讓其在短影片江湖中節節敗退。

南韓首爾梨泰院商圈爆發大規模人群擠壓踩踏意外。事故發生的小巷弄只有四～五公尺寬，是連接梨泰院地鐵站1號出口到梨泰院商業區的主要捷徑與通道。這條即使一般週末也人流量很大的小徑，相當陡峭，天雨路滑尤其容易跌倒。但是萬聖節那週，這一條小巷卻沒有單行限制。南韓政府當局並未考量斜坡窄巷人擠人發生意外的可能性，忽視了這個隱患，所以未制定轄區內萬聖節活動的動線規劃、安全疏散計畫等，也從未向消防部門或警察單位要求人車管制等行政支援，於是讓一場能避免的慘劇就這樣發生了。

我們看待一件事物時，不妨從大局出發，一切從整體考慮，不要糾結一隅目光狹隘。做到了這一點，便不會讓那些藏在我們「注意力盲區」中的魔鬼有可乘之機。你忽視問題，不代表它會自動消失，有一天，你會因為它而後悔不已。

實力欠缺更容易增加壞事發生的機率。尤其在企業初創時期，競爭壁壘（護城河）若沒有構築好，就很容易遭到強大對手的侵襲，這樣的商業案例比比皆是。

既然最壞的情況總會發生，所以我們要關注枝微末節上可

能出錯的各種可能性，要學會如何接受錯誤，並不斷從中總結經驗教訓，盡可能於事前便考慮得周全些，預想並採取多種保險措施，事先做好周全預案，將更多的可能隱患扼殺於萌芽之時。

為什麼莫菲定律
總是打破我的僥倖心理？

★ ★ ★

　　哲學家狄德羅曾說：「人生最大的錯誤，往往就是由僥倖引誘我們犯下的，當我們犯下不可饒恕、無從寬釋的錯誤後，僥倖隱匿得無影無蹤。而當我們下一個拿不定主意的時候，它又光臨了」。僥倖心理是一種不想遵循規則、只想依靠機會或運氣等偶然因素實現成功願望或消災免難的心理。它使得人們投機取巧、明知故犯、不講因果、不守規則，變得懶惰懈怠、好走捷徑。準確算好時間出門，自以為能準時到公司，結果路上遇到各種小狀況：忘帶手機又折回家拿、追尾塞車、電梯故障……導致原本充足的時間不夠，最後往往就是遲到了。有些看似偶然甚至是罕見的危險因素卻成了隱藏在生產過程中的不定時炸彈。常常是讓我們心存僥倖的萬分之一的機率，卻能造成百分之百的危險。

　　意外事故發生的原因，很多都是人們對小機率事件的忽視。

事實上，「小機率負面事件」更值得關注。想想那些麻痺大意而發生的公安意外……看手機的低頭族過馬路發生的慘劇等等。你以為的車會自動停下，你以為的不會撞到，你以為的……這種事太多了，只是沒有人引起重視。當你抱著僥倖的心理，以為不會出差錯，沒想到，「莫菲定律」總能打破你的僥倖心理。

因此，如果事情可能發生問題或危機，千萬不要去賭運氣，寧可事前對未來可能發生的風險或損害做好準備，一旦問題真的發生了，就能快速採取應變計畫，而不至於手忙腳亂。

人不可能百分之百不犯錯，但當你理解了莫菲定律，就可以在面對事情時想得更周到、全面一些，減少偶然事件機率發生的可能性，盡量做到防患於未然。當你抱有僥倖心理，忽略其他可能性時，往往就陷入「怕什麼來什麼」的死循環中。所以，請記住只要有可能發生，若你心存僥倖並想著應該不會這麼倒楣吧？那麼總有一天憾事一定會發生。不該做的，就堅決不去做；需要做的，就做到盡善盡美，千萬不要心存僥倖。只有移除一切的可能性，積極做出防呆措施，才能避開將來很多可能發生的遺憾，讓壞事永遠不會發生。若是千萬小心之後，依舊出了錯，也要積極找出原因，做到下不為例！

⭐ 責任意識缺失

假如你看過電影《危機總動員》（Outbreak），你就會知道當醫療人員短時間處理大量的流感患者時，意外跟疏忽是難以避免的。一旦發生問題，祈禱自己的疏忽不會造成感染，希冀僥倖，而選擇不向上通報，通常也是人性使然。

COVID-19（新冠肺炎）肆虐全球，各國一開始均採行嚴厲封鎖措施來防疫。就怕造成不可控制的傷亡。而對傳染病缺乏正確認識而導致防疫意識不足，是非常危險的。因為責任意識的缺失，有時可能只是一個小小的疏漏，就造成整個系統的崩潰。2022年年初高雄港是疫情的熱區，確診者中有一人是高雄港區引水人，該名引水人經簡訊、警察、航港局人員等，共五度通知進行篩檢，均不甩不理，直到身體不適、流鼻水，自行快篩陽性後就醫確診。疫調發現，這名引水人半個月來曾接觸四十艘船，可以說是防疫上極大的破口。

趨吉避凶是人性的常態，高雄港引水人顯示出逃避、僥倖的心態，自以為沒症狀，或者是即使有症狀，不會那麼倒楣。有更多的輕症個案，他們選擇不採檢，想說吃點感冒藥就好，才不會主動去採檢，萬一陽性確診，就要被隔離 $n + m$ 天，無法工作沒收入，還要讓家人一起被隔離，就是這種逃避和僥倖心態，沒有

馬太效應

莫菲定律

紅皇后效應

防疫意識與責任，導致防疫漏洞，看不見的敵人最可怕，防堵病毒的最前線，不只是政府、防疫官員、醫院裡忙翻的醫護，還有我們自己。所以我們要發揮公民素養，除了自律也要勇於互相提醒、彼此督促，落實防疫，人人責無旁貸！

在疫情期間，近三年來為了防疫，國人已習慣隨身攜帶口罩的日常，但其實早已不自覺放鬆了該有的防護。上大眾運輸、去公家機關洽公、在有人員執勤糾正的地方，我們不會忘記戴口罩。但是沒有人監督的時候，已有不少人會把口罩拉下口鼻，甚至拿下來。即使對別人放心，對自己也不能太過放心。尤其在社區感染發生，病毒擴散各處時，必須常常自問：「我怎能確定自己不是無症狀感染者？」所以外出時口罩一定要隨時戴好戴滿，既保護自己也保護他人。

2021年4月2日，臺鐵太魯閣號發生事故造成49死，213人輕重傷。事故的主因是：承包商將工程車停在工寮前，工程車卻下滑20公尺，滑落至北迴線的軌道上，與疾駛的太魯閣號列車發生碰撞事故。因為一個小小的工地疏失，許多寶貴的生命，從此再也回不了家。這次的事故並非列車本身機械故障、也非司機員或台鐵調度人員的疏失，而是一個外部的事件導致——一起工程車滑動的「小事件」，亦即小小的疏失，卻導致重大的損失。

為什麼承包商的工程車會停在斜坡道，其實應該也沒什麼「為什麼」，而是台鐵及承包商忽視「莫菲定律」。這工程自2019年開始，三年來，承包商的車停在斜坡道上可能已是常態、習慣，斜坡停車會出錯早已不在其潛意識中。「認為不會出錯的事情，通常會出錯在認為不會出錯的時點上，且造成巨大的損害」，這就是「莫菲定律」。承包商及工程管理單位的潛意識不認為斜坡停車可能會出錯，縱然有SOP規範，在完全無絲毫莫菲定律的警戒下，慘案的灰犀牛出現，其實並不算太突兀。

不管這輛工程車是如何滑下去的，這件事情本身其實是可以預防的。因為車輛無論是停在平地或邊坡上，應該都有一定的安全SOP。有開車的人都知道在車輛停妥後必須打到P檔，而且一定要拉上手煞車。停在邊坡上，除了打P檔和拉手煞車之外，還必須把前輪轉向，並且以石塊充當輪擋。以這次的事件來說，車輛滑動的基本因子，一般的駕駛都必然知道，若是要降低工程車移動的可能性，是根本不會將車停在斜坡上，而且還是將車輛垂直於軌道方向停放；也應該要避免停放在直接緊鄰軌道側且沒有圍籬的邊坡邊緣⋯⋯。看起來簡單的概念和動作，即使認知到也不一定做到，舉手之勞，卻不一定能做到的關鍵，都是因為當事人不當一回事，沒有責任意識所致。如果駕駛本身和他的同儕有足夠的安全意識，當然就不會發生這樣的悲劇。

因為相關人員缺乏安全意識而不遵守，導致意外隨時等著發生。更早之前的2021年2月台鐵曾發生一起重大工安事故，一輛電力維修車撞上在軌道上的道班工，造成兩死一重傷。內部員工指出，該起事故至少有兩大致命疏失，一是依規定施工路段前後兩端都要各派一名瞭望員監看預警，而那天只有一名瞭望員且疑似也加入施工，竟同遭撞傷；第二是施工路段因為工程已申請40公里臨時慢行，電力維修車上有兩名駕駛，為何都沒看到也未及時煞車，以致釀成悲劇。根據台鐵資料，近十年間出軌高達九十九件，平均一年約十件，說台鐵無絲毫莫菲定律的認知並不為過，否則怎會令出軌成習慣……。

容易犯錯誤是人類與生俱來的弱點，不論科技多發達，事故都會發生。當企業或組織和個人的責任意識開始淡薄時，將帶來難以想像的破壞性後果。莫菲定律它揭示了在安全管理中人們為什麼不能忽視小機率事件、揭示了安全管理必須發揮警示職能，堅持預防為主原則的重要意義；同時莫菲定律告訴我們，要時時對人們進行安全教育，全面提高安全管理的重要。

What & Why

8

莫菲定律的心理效應

★ ★ ★

接下來，我們來了解一下莫菲定律的心理學依據。人們的大腦有兩部分意識，一部分是顯意識，一部分是潛意識，科學家發現顯意識只占大腦的一小部分，潛意識占有大腦意識的大部分。潛意識的特性是分不清楚「是」和「不是」。例如人們常說「我不要生病」，潛意識只會記住「生病」，於是你就給自己帶來了自己生病的暗示，陷在負面情緒中，導致免疫力下降，最終真的生了病。

國外曾有團隊做過這樣一個實驗，找來兩組籃球運動員比試罰球：第一組球員給的心理暗示是——我一定會把球投進；第二組球員給的心理暗示是——千萬別把球投偏了；結果實驗結果讓人震驚，在第二組資深球員中，有相當一部分人命中率不足三成！為什麼會這樣呢？事後採訪這些球員，為什麼一千次都不曾失手的動作，在這一次就失準了呢？一名球員說：「當他們告

馬太效應

莫菲定律

紅皇后效應

訴我別把球投偏時，我滿腦子都是球偏出籃框的樣子，心裡很緊張。」

一件事情「變好」與「變壞」發生的機率相同的情況下，為什麼通常會朝著壞的方向發展？因為莫菲定律會在心理上影響著我們，「千里之堤，毀於蟻穴」當你有這種害怕事情變壞的想法時，就已經成了一個蟻穴。你一直怕出錯的地方，為什麼往往更容易出錯，也就是說在高壓的心理下犯下失誤的機率更大。為什麼你越擔心一個事情會發生，它就越會發生？因為你的「擔心」給了它太多的注意力。所以，越想找到的東西，就越找不到；越是怕出錯就越是出錯；越是重視就越會沒做好；越是想表現好卻越是失敗。

莫菲定律廣義上來說是心理學定律。也就是極端的事情容易被人記住，常見的事情只會被忽略。人們往往把注意力只放在不願意接受的結果上，而將出現機率往往更大的滿意結果視為理所當然而忽略掉。

以擲硬幣為例，一般情況下，硬幣擲出後落下的結果不是正面，就是反面，只有極低的機率會立起來。假設出現正面的機率49.5%，反面的機率49.5%；立起來機率1%，那麼擲一百次硬幣，有可能會有一次硬幣會立起來。有人早上出門不小心車子被刮了一下，直呼真倒楣。但是事實是怎麼樣的呢？就像擲硬幣

的正反面，一年出門幾百次都沒事，就這次被摩托車蹭了一次，完全沒想到之前都平安無事，你也沒在意，卻對一時的不順記牢牢，這是為什麼呢？

研究發現指出，人對痛苦的感知遠大於對快樂的感知，快樂的感覺會轉瞬即逝，但是過去的痛苦卻記憶猶新。所以會更在意一時的不順，而覺得不幸總降臨在自己身上，當我們「不希望事情發生」的執念越深，在事情實際發生時，感受就會越強烈。但其實好事和壞事發生的機率都是符合「大數法則」的！感覺壞事總是會發生也是因為人們忽略了平時發生的那些稀鬆平常的好事，莫菲定律並不會導致事情產生不良的結果，但是內心的負面情緒會影響我們做事的心態，繼而導致事情朝變壞的方向進展。

在心理學上有一定根據，即負面心理暗示會對人的心態及行為造成不良影響。因此在生活中，無論何時何地，請調整好情緒，永遠給予自己正面的心理暗示，當你充滿了正能量之後，好的事物也會接踵而至。

莫菲定律無法囚禁一個充滿正能量的人

樂觀的人在每個危機裡看到機會；悲觀的人在每個機會裡看到悲觀。每個人身上的情緒都是特定的能量頻率，正面的情緒會

吸引來正面的事物，反之亦然。

消極的心理暗示會提升不好事件發生的機率。積極樂觀的看待任何問題、面對任何情況，給自己積極的心理暗示，有助於發揮潛能，提高成功率。

人們往往把自己看得太重，把別人看得太輕，陷入一個以自我中心的漩渦之中。人的本性之一就是利己。在職場中，很多人經常抱怨領導待人不公，認為領導故意刁難自己……很多時候，我們總喜歡把不幸的生活和失敗的責任歸咎在運氣或他人造成等外部因素，因此才會陷入「怕什麼，來什麼」的怪現象。只有當你認清自己，正視自己的內心，才會更加全面地看待問題。當你的主觀的想法占據了客觀事實的時候，你就會迷失自己。隨之而來的就是消極、抱怨、頹廢的負面能量。

「好的開始，未必有好的結果。壞的開始，結果往往會更壞。」當你用消極、悲觀的情緒去做事情時，結果往往比你想到的還要糟糕。要打破莫菲定律的「詛咒」，就要有堅定的自信，穩定的心態，積極的心理暗示，以肯定式的語言做表述，對自卑感等負面情緒或不良念頭採取零容忍策略，一旦察覺就要立即消滅。失敗並不可怕，可怕的是失去了重新開始的勇氣。當你把一次又一次的失敗歸結為倒楣、時運不濟時，你也就陷入了一個自我懷疑的漩渦中。記得不斷提高、鍛煉自己的心理素質，達到臨

危不亂，才能冷靜客觀的處理問題，充分發揮自身潛力，勇敢應對，始終以正面、陽光的心態面對生活與生命！

⭐ 為什麼會覺得莫菲定律準？

為什麼莫菲定律讓人覺得如此準，壞事總是那麼靈？主要原因如下——

1️⃣ 主觀意識的結果

事情是客觀存在的，但意識卻是主觀認知的。人往往對這種越是「稀奇」的事情，就越會放大自己的認知，認為好的不靈，壞的就很靈驗了。當你對某件事情過分關注，此時就會形成一種心理暗示，當這件事情真正發生的時候，其影響程度就會被放大，導致你的反應會比平時更加激烈。例如在堵車的時候，我們總是覺得自己所在的車道是最慢的。原因是，我們會過多關注別人如何超過我們，而非自己的前進。當主觀的意識一次又一次被壞事占據時，而好事逐漸被人遺忘，那麼這個間距也就會越來越大。等到下一次再面對壞事時，人們也就自然而然擔心它越會發生了！

❷ 心理作用：對不好的事情總是印象深刻

　　人的本能是趨利避害，為了確保自身的安全，往往會把更多的注意力放在不幸的結果上。這應該和人的選擇性記憶有莫大關係，不順的事總是比順順利利的事給人最深的印象和記憶。就好像生活中，高興的事情可能沒幾天就忘記了，如預期般順利的事也不會特別在意，但是不好的事情、倒楣的事，總是讓人一想起來就火冒三丈，印象深刻。

　　從心理學角度講，這是因為一件壞事比一件好事對人們的情緒影響會更加強烈與持久。但其實有的時候事情發生的機率是一樣的，卻是因為心理作用，人們往往會更注意到壞的那一面。

　　不是先有某條定律出現了，然後才會有對應的事情發生，而能驗證它的「準」；是正因為有某些現象本來就一直存在，經過歸類分析後才總結得出了某條定律。莫菲定律反映出一個人關心的事情就有預兆和端倪，這是人的客觀感覺，不是主觀臆想。而且發生了才叫莫菲定律，沒發生就不算！

預估偏差，設想對策

★ ★ ★

戴維‧布魯克斯在《社會動物》一書中提到：「人類的頭腦是一部過度自信的機器。」人類就像一台機器，每當面對一些問題，它就會自動切換腦中的心智模式去應對。雖然，有時它能有助於我們提升表現，而另一方面，過度自信也讓我們忽視了潛在的危險。

有句古話說得很貼切：「常在河邊走，哪有不濕腳」。不希望壞事發生，我們就要事先預想，往壞處去想，為最壞的結果做出準備，才不會猝不及防。簡單來說，就是不要讓事情發展出乎你的意料，手足無措。你如果怕出門會下雨，那麼你外出就要帶把傘，但你又不知道什麼時候會下雨，什麼時候不下雨，很簡單，你就永遠帶把傘，你的包包標準配備就是一把折疊傘，就不怕下雨沒有傘的困擾了。察覺到車子的油還剩不多時，在一發現有加油站就趕快加一加……如此一來，最糟糕的情況就能避免。

馬太效應

莫菲定律

紅皇后效應

不然就是因為已提前做好心理準備，所以真的遇上了，內心的衝擊也不至於太大。

⭐ 提高自己的預知能力

生活中為什麼很多事情總是和我們的「意願」背道而馳？當我們認真想這個問題的時候，其實可以發現其中的規律。任何事情只要放任不管，就只會讓事情越來越糟！凡事只要沒有問題，就會有問題。任何事情都沒有表面看起來那麼簡單，我們平時在處理問題的時候如果過分自信，認為自己一定可以成功，而這樣的心態就會導致疏於防範，稍一不小心就犯了錯，就失敗了。

不怕出錯的前提是：我們什麼都已預見，然後想方設法避免出錯，接著就是提早計畫好出錯了的對應措施。

任何事情總有它的前因後果，最後呈現在你眼前的只是結果的表象，甚至未到結果，只是過程中的一步。遇到事情先了解它發生的原因，冷靜分析並找到真正的原因和解決問題的方法，還要透過前因後果進一步去預測它發展的方向，做好當它朝著不利自己的方面發展時的應對方案。如果有人引發了這件事，最好先考慮這個人是否有什麼目的？是否受某種利益驅使？其出發點究竟為何？

你可以從提高自己的預知能力做起，從「事出必有因（Everything happens for a reason）」的角度去預測出與實際結果的偏差值，在你做任何計畫的時候，一定要設想有可能遇到的最壞情況，並做好當最壞的情況發生時的應對辦法，以避免偶然事件發生後所造成的巨大損失。

⭐ 謹慎、周全地去思考

「莫菲定律」忠告人們：面對人類的自身缺陷，我們最好還是想得更周到、全面一些，採取多種保險措施，防止偶然發生的人為失誤導致災難和損失。

做任何事，沒有最佳方案，但卻有最劣方案。任何一個觀點，都有其目的性。如果我們不能了解這些觀點和方案它背後的真正目的，那我們最後選擇的往往就是最劣方案。而這世上不可控的事情太多了，在做了最壞打算的前提下，我們努力做到自己能做到的極致，那麼也不會後悔、不會遺憾。對此，我們做任何事、任何計畫，要想得更周到、更全面一些。

有一個心理學定律「卡瑞爾公式」，它是指：唯有強迫自己面對最壞的情況，在精神上先接受了它之後，才能讓我們處在一個可以集中精力解決問題的地位上。

馬太效應

莫菲定律

紅皇后效應

157

　　阿里巴巴的馬雲，在最初創業之時，有不少人認為他是騙子、瘋子。但是馬雲並沒有對這些言論做出反擊，也不怎麼理睬。因為馬雲和他的團隊都已經做了最壞的打算。他說：「我們是這樣把握的：第一，我們做任何一件事情首先要考慮好，這件事情如果砸了，對我們公司會怎麼樣？如果最壞的打算會對公司有影響，但不會傷筋動骨，我們就會做。」就是因為他已經預想了最糟糕的情況，並且有充足的思想準備時，心態反而變得積極起來，更容易勇往直前。

　　做最充足的準備，做最壞的打算，首先思慮要周全。透過事前的仔細觀察、資訊的統整能力，了解SWOT優劣勢，全盤掌握狀況。再根據這些資訊及自身條件，訂定出最適合的策略，使利益最大化，並全面考慮到計畫中的每個人，為其設想實際執行可能會遇到的狀況，進而預測將會發生的事情，提前給出應對方式，額外準備其他方案以備不時之需。例如籌備活動時，可以列好清單，將流程在心中過兩遍，一遍想事情，一遍寫出物品，設想若這一物出狀況，能再找什麼來替代……這不就是做最壞的打算，做最充足的準備嗎？

謹慎細心、不放過任何細節

面對一切將要到來的事件都仔細規劃、妥善處理，不衝動行事或武斷地下決定。從所有細節中把握利於自己的機會，找到解決問題的最佳突破口，如此才能預先模擬每個計畫，需要更謹慎細心才可以預測正確。

「換位思考」才能全面掌握，除了考慮自己之外，也必須考量到他人的狀況。不論是計畫中的合作夥伴或競爭對手，必須要能站在所有利益關係人的角度思考，才可以找到最有利於自己的策略，也能預測對手的行動而提早準備應對方式。比如，一家公司一定會有生產部門和行銷部門，生產部門提出的方案往往是重視品質，但行銷部門卻是更看重產品的特性和亮點。如果決策者不能透過這些目的性去分析產品本身，那麼企業就無法正確定位市場，產品發售的各個環節都會出現問題。

當我們懼怕一件事情時，不妨問問自己，這件事我如果去做，可能發生的最壞情況是什麼？

當你仔細想過一遍，你會發現最壞的情況不過如此，然後你就能很好地接受這個情況。當你能接受的情況下，你就要把時間和精力用來試著改善那種最壞的可能情況，也就是做最充足的準備。如此一來，即便失敗，我們也不會懊悔：「真糟糕，我當初

馬太效應

莫菲定律

紅皇后效應

應該試一下的」或是「早知道就多安排一個人留意這個細節，是不是就不一樣了呢？」

⭐ 提升實力，做好準備

有的人總是擔心，考試會不會考到自己剛好沒有讀到的部分？結果，天不遂人願，莫菲定律「顯靈」了，考試出的題就正好是自己沒準備到的！當你再看到那些氣定神閒的同學，就知道他們的底氣來自於他們平日就用功讀書，所以考完試來，也從不慌張擔憂。而實力欠缺的自己，只能拚「運氣」。同樣的考試內容，對於實力不同的學生來說，考不好的機率是不一樣的。越是實力不夠，越愛責怪運氣不好。而「實力」可以簡單的被歸納為「解決問題的能力」。

如果與運氣相比，實力是把事物變得「可控」的控制力，而運氣則是「不可控」的。把可以控制的事情做到最好，在不好的機會中贏面就大。當你了解得越多，看問題自然也就越全面，失誤的機率也就越小了，反之亦然。

因此，提升實力是降低出錯機率的最佳捷徑，從此便不必擔心莫菲定律作怪。

天生的弱點靠著自我的強大也是可以改變的。這種有可能的

失敗，也讓我們認識到，每一項事物，前期要做好充分的準備，盡可能的完善。將每一件事分成不同的階段，每一個階段都設定目標，目標完成後才能進行下一階段。這樣階段完成目標的方法，才會讓我們不需要消耗太多的精力，就可以消解莫菲定律帶來的負面結果。

在出現錯誤時更重要的是正視錯誤，從中汲取經驗教訓。這就好比我們平常工作，在有規律和標準的前提下，還是會發生各類問題。我們每做一件事都要遵循事物發展的客觀規律，不做盲人摸象，若是我們時時刻刻累積學習、時時刻刻反省，並隨時以今日為出發點做修改矯正工作，那麼我們必定可以一步步接近成功。而我們面對和抵抗莫菲定律的方式就是通過不斷的學習和累積，產生正面的「馬太效應」，就會獲得更多成功的機會。

馬太效應

莫菲定律

紅皇后效應

How & Do

10

「小錯」不防終釀「大禍」

想想那些因輕忽大意而發生的事故……低頭滑手機過馬路、一時貪快闖紅燈發生的慘劇等等。你以為的車會來優先禮讓行人停下，你以為的清晨沒什麼車不會撞到，你以為的……這種事太多了，只是沒有人引起重視。有時，「壞事」發生的時候，可能只是無傷大雅的失誤，也可能是無可挽回的事故。莫菲定律告誡我們，若想減少糟糕事件發生的機率，對於「小機率負面事件」，要有超強的風險意識，要高度重視起來，不能放鬆警惕。

★ 高度重視，不輕忽

莫菲告訴我們做任何一件事都會有趨危風險，這個風險有大有小，絕對安全只是一種幻想，足夠安全也僅僅是相對的。

英國石油化工產業一直是最重視安全的產業之一，尤其是設

備維護更是層層把關，務必要求保障安全。但1988年7月6日晚，一座當時安全設計及系統均採取最嚴格標準、最先進的安全防控設備的油田，是當時英國著名的安全生產樣板工程，卻突然發生連環大爆炸。事發時，控制員曾聽到過漏油報警，但設計中先進的機械技術和耐火性極好的防火板讓他放鬆了警惕，此時另一位工作人員由於沒留意到維修單據，而拆卸錯安全設施的一個油泵導致爆炸，在一個半小時內，上百萬噸重的採油平臺燒毀並且隨即沉入海底，167人因此喪生！

　　在眾多的防範措施面前，仍發生如此慘痛的事故，人們反而更加警惕，在災難後石油產業內以HSE管理為主的風險管理體系逐漸完善，HSE管理體系是指實施安全、環境與健康管理的組織機構、職責、做法、程式、過程和資源等而構成的整體。它由許多要素構成，這些要素通過一先進、科學的運行模式有機地融合在一起，相互關聯、相互作用，形成一套結構化動態管理系統。從其功能上講，它是一種事前進行風險分析，確定其所有流程可能發生的危害和後果，從而採取有效的防範手段和控制措施防止其發生，以便減少可能引起的人員傷害、財產損失和環境污染的有效管理模式，使得災難性事故發生的機率大幅降低。

　　「能預見危機，才是最高明的應對危機的手段。」危機管理在於捕捉先機，在於防範未然。最成功的危機處理，不是在危機

馬太效應

莫菲定律

紅皇后效應

中如何英勇表現，投入多少資源，最後終於在奮戰中解決，而是能掌握先機，做好妥善的防範措施，使危機消失於無形。

⭐ 風險管理

莫菲定律告訴我們，公司組織中，「越容易忽略的作業細節」就「越會出問題掉鏈子」。所以必須通過風險管理來達到風險管控的目的。在企業營運過程中，風險不僅種類繁多而且無所不在，猶如病毒一樣無法迴避又令人防不勝防。建議可以從以下三步驟做起：

1 步驟1：風險識別

可能的風險，包括環境風險、策略風險、財務風險、信用風險、法律風險、營運風險、資訊科技風險、授權風險與操守風險等。有經驗的管理者或是稽核人員，雖然具備風險識別上較高的能力，然而莫菲定律告訴我們，「越是有經驗的管理者，越會犯下疏忽的大錯」，甚至高階管理層自身便存在著風險！

2 步驟2：進行風險評估

對風險分別以「風險發生的可能性」與「對企業的影響程

度」來評估，客觀地評上0到10的分數，0代表最低，10代表最高，就能清楚地排列出風險的重大性順序。

③ 步驟3：設風險承擔能力指數與行動方案

根據步驟2識別出來風險評分，即為該項的風險指數，再按其指數高低排定的順序，擬訂行動方案。

企業經營體質的健康與否，和人體的健康狀況極為類似，必須時時評估企業的健康狀況。許多企業漠視了剛開始出現的業績下滑、流動資金短缺等現象，就等同輕忽了它們背後所潛藏的危機與風險。就拿創業來說，一個微小的失誤，就會出現無可挽回的損失。正如古代戰爭中，將軍的戰馬，只掉落了一顆馬蹄釘，就導致整個戰場上的潰敗。所以，只要一發現有任何一個不合理徵兆時，就必須立即找出問題點，落實改善，否則小錯釀成大錯，最後一發不可收拾。

眾多企業家之所以成功，是因為他們願意將九成以上的時間，花在防範那些足以影響成功的失敗因素上，錯誤的發生往往是因為不小心、沒有注意，不要因為是個小環節疏失或小機率事件就疏於防範，對細節的疏忽可能會帶來意想不到的後果。只有居安思危，思則有備，有備則無患；見微知著，未雨綢繆的風險管理，才能將問題在萌芽狀態時就先解決掉！

馬太效應

莫菲定律

紅皇后效應

11

做好危機管理，防患於未然

★ ★ ★

「莫菲定律」警示我們，只要存在不安全因素，如果不及時採取措施，不注意解決問題，不迅速堵塞漏洞，必然會釀成事故案件。事故是一種不經常發生和不希望有的意外事件，這些意外事件發生的機率一般比較小，就是人們所稱的小機率事件。由於這些小機率事件在大多數情況下不會發生，所以，往往被人們忽視。根據大量的事故統計與分析，60% ～ 90%的事故主要是由於人們的僥倖心理和麻痺、大意的思想所造成的，而且都是一些小機率事件——這就是安全的神經末梢所在。

抓安全就要從那些看似不起眼的小事抓起。縱觀安全事故的發生，大都是因為日常看似很小的隱患累積而成，如規章執行不到位、忽視操作中細小的環節等。而這些不起眼的隱患，往往會釀成重大安全事故。歐洲有一個故事：一匹馬的馬掌上由於少了一顆鐵釘而失去了一個馬掌；這匹馬因失去了一個馬掌而在奔跑

中摔倒；由於這匹馬的摔倒而使得騎在馬上的將軍被摔死；而將軍的陣亡，導致軍隊打了敗仗；因這場敗仗而失去了一座城池；由於一座城池的失陷而亡掉了一個國家。揭示了一個道理：一個不起眼的細節可能導致災難性的後果。

消除人們的僥倖心理和疏忽大意的有效方法和措施就是要充分發揮安全管理的警示功能。小的隱患若不消除，就有可能擴大、成長，也會提升事故的發生機率。因此在深刻理解其內涵、實質的基礎上，深入開展安全標準化管理，認真執行現行的安全技術標準、規範和規程，其實不安全事故是完全可以減少或避免的。

⭐ 不論科技多進步，意外事故都會發生

莫菲定律是安全管理過程中的長鳴警鐘，安全管理的目標是杜絕事故的發生，而事故是一種不經常發生和不希望有的意外事件。安全科學是基於機率統計建立起來的一門學科，是對同一類似事故進行統計，並對當前事情進行預測機率的過程，而對事故的發生規律有正確的認識與預防。

莫菲定律說：任何事情，只要你有所擔心，就有可能發生；只要客觀上存在危險，那麼危險遲早會變成為不安全的現實狀

馬太效應

莫菲定律

紅皇后效應

態。面對這樣的莫菲定律，安全管理者存在著兩種截然不同的態度：一種是消極的態度，認為既然錯誤、失誤是不可避免的，事故遲早會發生，那麼再怎麼防範也很難有所作為；另一種是積極的態度，認為差錯和失誤雖不可避免，事故雖然遲早會發生，那麼在安全問題上就不能有絲毫放鬆的想法，要時刻提高警覺，防止事故發生，保證安全。正確的思維方式自然是後者。而安全科學不僅告訴我們可能會發生，還會告訴我們具體在某一件事上發生意外事故的機率範圍。安全管理的核心正是預防意外事故的發生。

透過莫菲定律和安全科學，我們了解到人們大部分的行為可能產生某種情況的機率範圍，也就是能大致預測意外事故發生的可能性，但是因為我們無法獲得個人行為的所有資訊，即無法取得從出生到現在每一個選擇的詳盡資料，也就無法獲知具體的機率，並且機率對於很多個體來說，發生前都只是機率，發生之後，就是事實。有些甚至是無法挽回的事實。

所以，安全意識時刻不能放鬆；在安全問題上要時刻提高警惕，人人都必須知道安全管理不僅僅是領導的事，更與全體人員的密切相關。要想確保安全，必須從自我做起，採取積極的預防方法、手段和措施，消除人們不希望發生的和那些意外的事件。

⚝ 建立預警機制

孫子兵法說：「夫未戰而廟算勝者，得算多也；未戰而廟算不勝者，得算少也。多算勝，少算不勝，而況於無算乎？」

「算」在這裡就是運籌帷幄，認真謀劃、思考的意思。「多算勝」，即以求勝為目的，充分考慮達到目標的辦法、失敗的各種可能性，動員一切可資利用的因素，採取相應的對策，爭取最大可能的勝利。運籌的機理就在於奪取制勝的先機，就是要多想能夠制勝的辦法和策略，多想和多實踐能夠取得勝利的途徑，減少不成功和不利於成功的顧慮。「算」的目的是為了勝利。「必勝」是「算」的前提，只有保持著這樣的信念，然後才能再想如何才能「勝」。

因此，在做事前一定要「多算」，只有防備於不備，預料於不料，算得周密，算得深透，走一步算三步，才能完全掌握。由此可見，平日注重那些意想不到的問題，是做好安全事故防範工作的關鍵。所謂意想不到的問題，就是那些平時所忽略了的隱患、苗頭、徵兆而引發產生的、感到很偶然的問題。因此，防止意想不到問題的發生，對於領導者來說，最重要的就是要懂得「廟算」：勤於算計，善於思考，特別要善於打破常規，突破經驗的束縛想問題，不僅進行正面思考，而且要反向思考，善於從

平安無事中找隱患，從常規現象中見異常，從微小處尋找苗頭。針對可能造成重大事故的事件建立預警機制，如可識別出重大事故發生的徵兆或不尋常，及時警示。最好的辦法是，從事故的源頭上下功夫，見微知著，及時發現事故徵兆，立即消除隱患。所謂「領先指標」是也。

　　但往往在現實生活中，人們都是等到出現問題了，才忙於做處理事故、案件的補救工作，召開各種會議進行檢討，總結教訓。雖然亡羊補牢，加強防範，也是很必要的。但事前預防，永遠勝過事後補救。事前的預防「凡事豫則立、不豫則廢」，只有全面了解和掌握，客觀、科學地衡量事故的風險大小，才能分清輕重緩急，有針對性地採取相應對策，真正落實「安全第一，預防為主」的方針。對可能發生的不安全事件進行事前預防，控制不安全事件，才能落實消滅不安全事件於萌芽之中。

　　這就必須要安全責任人在防止事故上多用一點心，多盡一份力，集合眾人之力，讓大家多想辦法、多出點子，想得更周到、全面一些，採取多種保險措施，讓每個人意識到「預防事故人人有責，人人關心預防事故」，如此，安全意識增強了，責任到位了，防範得力了，必能有效防止偶然發生的人為失誤導致的災難和損失。

How & Do
12

積極面對，正向思考

★ ★ ★

趨吉避凶是人的本能，但是潛意識裡讓你越恐懼的事情，就越應該勇敢面對，不能因為怕而逃避。樂觀積極的心態是非常重要的。相信很多人都聽過口渴的人遇到半杯水的故事，樂觀的人會想「太好了，還有半杯水！」而悲觀的人會沮喪地說：「只剩半杯水了！」可見面對同樣的事物，抱持的心態不同，會導致不同的情緒變化。發生了糟糕的事情其實並不可怕，如何去面對、解決才更加重要。好比美國的一則徵兵廣告——

來當兵吧！當兵其實並不可怕。應徵入伍後你無非有兩種可能：有戰爭或沒戰爭。

沒戰爭有啥可怕的？有戰爭後又有兩種可能：上戰場或者不上戰場，不上戰場有什麼可怕的？

而上戰場又有兩種可能：受傷或不受傷，不受傷又有什麼可怕的？

受傷後又有兩種可能：輕傷和重傷，那輕傷有什麼可怕的？

重傷後又有兩種可能：可治好和治不好，可治好有什麼可怕的？治不好更不可怕，因為你已經死了。

雖說這只是一個廣告，但這意味著當人們有了接受最壞的思想準備之後，反而能讓事態積極朝正向方向發展。

事實上，破解莫菲定律最棒的方式就是要正向思考，就是不要老是記得負面的事情。面對工作上的成功與失敗，大多數的人容易對失敗耿耿於懷，但是每當出現工作失誤時，如果我們的反應總是「真倒楣，工作又出包了」、「我真沒用，這點小事也做不好」，久而久之，就會陷入自我否定、怨天尤人的負面情緒裡，連帶地也讓工作表現與個人身心受到嚴重影響。

莫菲定律只是一種心理學效應，大可不必畏懼，以一個坦然的心態去面對它，相信莫菲定律會給你帶來好運。以一個良好的心態去面對一切，即使莫菲定律給你帶來了壞事，但還是請你以一個良好的心態去面對一切，因為，即使你很生氣，也改變不了什麼，不如冷靜下來，去想想如何使這個結果變得更好一些。

遭遇未知的事情時，祝福要比擔心有用。祝福尚且能起到安定心神的作用，而擔心不僅不能對事情本身有任何助益，還可能導致事情往更壞的方向發展。

對於負面情緒本身就無須再帶有負面情緒去看待它，我們需

要做的事情不是用一個「討厭」的負面情緒去對抗另一個負面情緒，而是僅僅接受這個負面情緒本身的樣貌就夠了。

莫菲法則幾乎已經滲透到社會生活中的各個領域。而且人們普遍認為，如果不如意的事會發生，那麼就一定會發生。正如任何一個事物都要經歷誕生、發展、壯大、衰敗，直到消亡的歷程。道出了事物發展的客觀規律，會出錯的事總會出錯，說明了失敗的不可避免，讓人在潛意識中認為事情不會太順利，總會有那麼一些事情發生而影響結果。但是，對於樂觀、自信心極強的一部分人來講，它自然是無效的。走向好結果或是走向壞結果，往往就是因為心態不同。

莫菲告訴我們面對生活、面對失敗的態度，他告訴我們，環境可以很惡劣，但我們的心態一定要陽光、正面。事業取得成功的過程是不斷戰勝失敗的過程，因為任何一事業，要取得相當的成就都會遇到困難，難免要犯錯誤、遭受挫折和失敗砥礪。因此，我們要有一顆樂觀積極的心、一顆理性看待問題的心。

⭐ 樂觀正向地看待問題

樂觀的心態雖然有一部分是受先天基因的影響，但主要還是受後天環境的影響，和自我意識的提升。如果你想讓自己變得更

173

樂觀，可以適當地給自己設定目標，自我激勵。當你每實現一個目標，就能大大提升對自己的信心和認同感，久而久之，下次再遇到類似的問題時，你會更容易以積極觀樂的心態，從容應對。

對於那些負面情緒多的人，容易焦慮的人來說，事事往好處想並不是件易事，他們忍不住會想著明天的報告會不會被老闆批評，接下來的期中考會不會不及格等等。如果你覺得你很難培養樂觀的心態，可以試試另外一種方式，就是從建立「防禦性悲觀主義心態（Defensive Pessimism）」做起，防禦性悲觀不像普遍所認知的消極式悲觀那樣，會促使一個人最終走向失敗，反而是有著防禦性悲觀思維的人，最終的工作表現卻與常帶著積極思維的樂觀主義者不相上下。防禦性悲觀的產生，通常是因為擔憂表現與預期的反差過大所造成的不愉快，所以這樣會使人對結果有著較低的期望。現實中存在很多這樣的人，做事前總是會預想不好的結果，事先預想過程中會遇到的各種糟糕情況，一一做出準備，以便屆時可以應對，這樣一來就能降低失敗的機率。

防禦性悲觀可以是一種心理戰略，因為這樣未雨綢繆的做法自然而然可以讓人取得成功，所以許多成功人士都是防禦性悲觀者。和普通人相比，成功人士更能利用這種焦慮來促進工作。松下幸之助在《掌握經營訣竅，勝過黃金百萬》中曾寫道：作為總經理，經常有擔心到晚上睡不著覺的時候，但這種痛苦恰恰是總

經理的價值所在，因為沒有哪家成功公司的總經理是舒舒服服不用操心的。

這一類人被稱作「防禦性悲觀主義者」，他們的言行傾向於悲觀主義，卻能和樂觀主義者取得同等甚至更高一級的成績。防禦性悲觀者追求成就的主要動機，是因為他們極力希望可以消除內心對挫敗的焦慮。因此，當他們處於焦慮狀態，工作表現會更佳。松下幸之助也可算是「防禦性悲觀主義者」的一員，雖然對未來持有焦慮的心態，但他們往往是做最壞的打算，卻付出最大的努力。

生活中我們總是會遇到各種挑戰，擁有防禦性悲觀主義心態，做最大的努力，盡人事聽天命。當我們為了面試、企劃很久的活動等感到焦慮時，不妨運用這股焦慮帶來的衝勁，採取行動，做好更多的準備，如更積極複習考題、演練面試、檢查工作細節等，如果結果還是不盡如人意，保持心態樂觀，充實自己，總會有更多的選擇。

在心理學家朱莉・諾雷姆博士的最新研究中，她發現防禦性悲觀主義的使用，與冠狀病毒疾病流行期間採取更多的預防措施有關，像是勤洗手、戴口罩、保持社交距離……等。諾雷姆博士解釋說：「雖然防禦性悲觀主義者比樂觀主義者更焦慮，但他們會積極地做出更多努力來管理自己所面對的風險。」

馬太效應

莫菲定律

紅皇后效應

　　防禦性悲觀主義者的目標是使他們的生活變得更好或者把事情做好。因為他們不想後悔，所以會朝著自己的目標努力，盡自己最大的努力，他們希望控制自己的焦慮，這樣焦慮就不會影響他們的目標。此外，若是人們在計畫和預測未來事件時過度樂觀，負面影響就會出現——當事情出錯時，悲觀主義者從不感到驚訝，而樂觀主義者往往會被這突如其來的挫折嚇一跳。過於自信反而會導致你忽視潛在的風險和你需要認真對待的問題。對許多人來說，一旦他們意識到自己的焦慮，他們的首要目標就變成擺脫焦慮，感到快樂。防禦性悲觀主義者的力量，他們會正向積極地說：「我意識到我感到焦慮。我知道該怎麼處理這種焦慮，我不會讓它妨礙我。」莫菲定律的出發點是人，所以能夠解決問題的也是人！心理強大才能掌控一切。

　　「防禦性悲觀」，說的是在事件發生前將期待降到比較低的水平，想像出最壞的可能情境，從而做好充足的準備，在壞的情境真的發生時也能夠有條不紊地處理。「策略性樂觀」則指的是，充滿自信，期待事情會向著好的方向發展，就是給自己正向的心理暗示，而不要對可能的負面結果過度想像而煩惱。對沒把握的事情或信心不足，做起事來會變得緊張、害怕，越害怕出錯就越容易出錯，最終導致失敗。此時就要持平常心，看淡壓力，因面臨壓力太大而心態失常，是導致悲劇發生的最常見原因之

一。所以應善於利用積極、正面的心理暗示，來消除負面的心理暗示。這兩種策略應該結合起來使用，既要充分考慮有可能的情況和做好準備，又不至於太過焦慮還沒有發生的事情上。

TED演講系列中說到，我們一方面被自己的能力和現實的可能性所限制；另一方面，又很難擺脫自己「樂觀」的認知偏見。在這樣的情況下應該做的是，不讓自己成為不切實際的樂觀者，同時保持內心充滿希望的狀態：「悲觀的企鵝根本不相信自己可以飛翔，那肯定永遠也飛不起來，我們必須有能力想像與現實不同的未來，相信我們的想像能夠實現，才能真正取得進展。但是，如果你是一隻極為樂觀的企鵝，盲目地直接跳下懸崖，那麼可能會發現自己摔得很慘。而如果你是一隻相信自己能飛的樂觀企鵝，又給自己背上了一個降落傘，以防事情的發展不像你想像中那麼順利，你就能夠像雄鷹一樣在天空中翱翔，儘管你不過是隻企鵝。」

正如莫菲定律認為，事情如果有變壞的可能，不管這種可能性有多小，它總會發生，但若逆向思考，如果事情有變好的可能，不管這種可能性有多小，它也總會發生。

職場生涯的成敗道路不也正是如此嗎？現實職場中，有些人會因為產品銷售失敗而抱怨產品、抱怨公司、抱怨顧客，但也有人因此越挫越勇，反而構思出大受歡迎的銷售方式；有人會因為

受不了上司嚴厲指責自己的過失而萌生辭職念頭，但也有人會抱持「嚴師出高徒」的想法，努力提升自己的工作能力，最終得以勝任更具挑戰性的工作而步步高升。由此可見，對工作成敗是抱持積極或消極的看法，將能左右一個人的職場發展，而往往我們從失敗中學到的教訓，遠比從成功經驗中學到的東西要多得多。

最後，我們的心理一定要足夠強大。謀定而後動，三思而後行。決策一旦做出，稍微的猶豫，甚至後退就會使犯錯的機率大幅上升，最終導致失去大於所得。

13

與錯誤共生，擁抱變化

★　★　★

馬太效應

莫菲定律

紅皇后效應

　　眾所周知，人類即使再聰明也不可能將所有事情都做到完美，正如所有的工程師都不敢保證自己在寫程式時不會出現錯誤一樣。孔子也說：「人非聖賢，孰能無過？」人都有犯錯的可能，聖賢如此，更何況是我們這一介凡人。我們在生活中總是會碰到各式各樣不如意的事情，容易犯錯誤是人類與生俱來的弱點，不論科技多發達，事故都會發生。如果你有犯錯的可能，不管這種可能性有多小，不管你再小心地躲避，都是避無可避，該來的總會來，該發生的總會發生。既然錯誤是這個世界的一部分，只有坦然地面對並接受我們犯下的錯誤，才能收穫更大的成功。「錯誤」與我們一樣，都是這個世界的一部分，狂妄自大只會令我們自討苦吃，我們必須學會如何接受錯誤，並從中學習。

　　人的一生可以失敗很多次，但是成功一次就足夠了。人與人之間的差距，就在於──少數人遇到挫折後會積極總結經驗教

訓，爬起來繼續努力做；而多數人則是抱怨一句「倒楣死了，我運氣真差」，既不總結教訓，又不努力前行，漸漸地就落後別人許多。失敗，並不意味著命運對你不公，其實是命運對你還有更好的安排。

★ 從錯誤中汲取經驗

美國經濟學家和歷史學家彼得·伯恩斯坦（Peter L. Bernstein）曾就機率論寫下了一本發人深省的著作——《與天為敵》。伯恩斯坦在書中指出，莫菲定律所說的風險一直都在，但關鍵是：人們如何看待風險，有人會因而深陷恐懼，相信宿命，而有的人卻學會接受錯誤和吸取教訓。

越聰明的人越會允許自己出錯。因為犯錯誤並不代表我們會一錯再錯。真正聰明的人會把犯下的錯誤當成以後道路的鋪墊。關於這一點，丹麥物理學家雅各·博爾就是最好的證明。

有一天雅各·博爾一時不慎打破了一個花瓶，通常我們打碎物品後，一般都會立刻將碎片清掃乾淨。但雅各·博爾在清理前，突然心生好奇，俯身小心地收集起滿地的碎片，並細心觀察起來。

他把這些碎片按大小分類稱出重量，結果發現：10到100

公克的碎片最少，1到10公克的稍稍多一點，0.1到1公克的以及小於0.1公克的最多。透過進一步的觀察和計算，他發現這些碎片的重量之間竟然有著嚴謹的倍數關係，即較大塊的重量，是次大塊重量的16倍，次大塊的重量是小塊重量的16倍，小塊的重量是小碎片重量的16倍……他想這會不會是一種巧合呢？於是他又再打碎了幾十個瓶子進行實驗，最終得到的結果都是16：1的關係。雅各‧博爾將之稱為「碎花瓶理論」，他利用這個理論對一些受損的文物、隕石進行恢復，為考古和天文研究帶來了意想不到的效果。

雅各‧博爾不小心打碎花瓶後並沒有糾結懊悔失誤，而是對錯誤潛在價值進行了創造性觀察與思考，從中總結出規律並將其理論用於工作中。

馬雲在進入電商之路之前，也進行過一次又一次的錯誤摸索，最終創造了阿里巴巴這個電商傳奇……縱觀能夠在某個領域上有著突出成就的人，都是能夠與自己的錯誤共存之人。

✪ 失敗才能引起人們的警惕和認識

事實上，我們主要是從嘗試和失敗中學習，而不是從正確中學習。例如，1978年載重二十三萬四千噸的利比亞籍超級油

馬太效應

莫菲定律

紅皇后效應

輪阿莫科‧卡迪茲號（Amoco Cadiz）在法國西北部的布列塔尼
（BRETAGNE）附近觸礁。油輪斷成了兩截，溢出的二十五萬
噸原油形成了一條寬一公里多的油帶。造成法國四百公里沿岸受
到嚴重污染。針對這一嚴重破壞生態環境的事故，為了更好地預
防事故性水域污染並加強主管單位干預能力，法國隨即在同年成
立一個名為「事故性水域污染試驗和研究中心」（CEDRE）的
新機構。這是一個國家級的機構，負責水域污染物及其影響的研
究及對應機制的完善和發展。可見，錯誤具有沖擊性，可以引導
人們想出更多細節上的事情，只有多犯錯，人們才會更進步。

　　假如你工作的例行性與重覆性極高，你會犯的錯誤就可能
很少，但是如果你從未做過此事，或正在做新的嘗試，那麼發生
錯誤在所難免。發明家不僅不會被成千的錯誤所擊倒，而且會從
中得到新創意。在創意萌芽階段，錯誤是創造性思考必要的副產
品。正如耶垂斯基所言：「假如你想打中，先要有打不中的準
備。」

　　現實生活中，每當出現錯誤時，我們通常的反應都是：「真
是的，又錯了，真倒楣啊！」這就是因為我們以為自己可以逃避
「倒楣」、「失敗」等，總是心存僥倖。殊不知，錯誤的潛在價
值對創造性思考具有極高的作用。

　　人類社會的發明史上，就有許多利用錯誤和失敗觀念來產生

創意的人。哥倫布以為他發現了一條到印度的捷徑，結果卻是發現了新大陸；愛迪生也是知道了上萬種不能做燈絲的材料後，最終找到了最適合做燈絲的「鎢」。

所以，想迎接成功，請加強你的「冒險」力量。遇到失敗要積極汲取經驗，認真分析失敗，分析我們失利的地方，讓劣勢轉化為優勢，嘗試尋找新的思路、新的方法。

✪ 從哪裡跌倒，就從哪裡爬起來

很多時候，做事是不可能一次就成功的！失敗並不是終點，只要接受結果，重新來過，它反而是個起點，是反敗為勝的契機。英國小說家、劇作家柯魯德・史密斯曾說過：「對於我們來說，最大的榮幸就是每個人都失敗過。而且每當我們跌倒時都能爬起來。」

「我有多次失敗的經驗」和「我是個失敗者」兩者是完全不同的！正如拿破崙所說的「避免失敗的最好方法，就是決心獲得下一次成功。」我們也必須學會正面看待失敗，有智慧地面對失誤，與其對自己犯下的過錯懊悔不已，不如從中汲取教訓，讓自己快速成長。

- 失敗並不意味著你是一位失敗者──失敗只是表明你尚未

馬太效應

莫菲定律

紅皇后效應

成功。

- 失敗並不意味著你一事無成——失敗表明你得到了經驗。

- 失敗並不意味著你不可能成功——失敗表明你也許要改變一下方法。

- 失敗並不意味著你比別人差——失敗只表明你還有缺點。

- 失敗共不意味著你浪費了時間和生命——失敗表明你有理由重新開始。

- 失敗並不意味著你必須放棄——失敗表明你還要繼續努力。

- 失敗並不意味著你永遠無法成功——失敗表明你還需要一些時間。

- 失敗並不意味著命運對你不公——失敗表明命運還有更好的給予。

期待成功的你，不要再被一時的失敗左右了，在哪裡跌倒，就在哪裡爬起來吧！

錯誤既然是這個世界的一部分，與錯誤共生便是人類不得不接受的命運。在那些我們努力了很久卻看不到結果的日子裡，其實叫做紮根。只有當我們學會與錯誤共存，才能夠從錯誤中尋找經驗，為下一段路鋪墊勇氣。只有當我們學會面對自己的錯誤，培養豁達的心態，才能夠更加坦然地面對這個世界。正是因為錯

誤是不可避免的，那麼當我們不再懼怕錯誤之時，是否多了一份
勇敢前行的勇氣？是否多了一份一往無前的決心？「莫菲定律」
給予我們的提醒就是以豁達的心態正視無處不在的錯誤，勇敢地
面對已經出現的或者即將要出現的各種意外，用豁達的心態活出
自己的精彩來。

面對錯誤和失敗，以下兩大步驟能幫助你越挫越勇：

❶ 正視並接受失敗

是人都有犯錯的可能。但因自我保護的本能，世人總是很容
易忽略自己的失誤，犯錯之後，也會找出各種理由為自己開脫，
自怨自艾地找藉口。但我們應該勇敢面對和接受失敗，透過「自
省」去找尋可能對的方法，只有知道自己的過錯，才能夠及時彌
補，挽救損失。別因一時的失敗而失去鬥志、失去再次接受挑戰
的勇氣。即便知道可能會面對失敗，也要奮力一搏，做好該做的
準備，這才是面對失敗該有的正確態度。

❷ 改善這次失敗的原因

當工作出錯時，有不少人腦子裡最先浮現的想法是隱瞞錯
誤，害怕承認錯誤之後會很沒面子，或是遭受嚴厲處分，但其實
唯有及時坦承錯誤，問題才能被改正和補救，而且由自己主動認

錯將比被人提出批評再認錯更容易得到諒解，因此面對工作中的失敗與過失時，應當抱持勇於承擔責任、積極改正缺失的態度，並且從中學習，補強不足之處，從而快速自我提升。身為董事長的我，最喜歡的員工就是主動「自首」所犯錯誤並積極尋求補救與改善者。我最討厭的員工則是犯錯後想一手遮天，為了掩蓋錯誤而欺瞞上司或公司者。

愛迪生說：「失敗也是我所需要的，它和成功對我一樣有價值。只有在我知道一切做不好的方法以後，我才知道做好一項工作的方法是什麼。」

失敗不是因為你不能成功，而是這次你使用了錯的方法，找出失敗的原因，從失敗中學習，從經驗中記取教訓。錯誤或失敗的發生，就是在告訴你這次用的方法不對，或不能用，要快速建立修正的學習機制，是更快的成功關鍵。錯誤並不可怕，你要勇於嘗試，並透過實作，累積練習時數與刻意練習的結合，來提升成功率。還要反省、評估、學習、修正，來幫助你走向正確的軌道。面對失敗絕對不能逃避、視而不見，會失敗不是因為你不能成功，而是在告訴你這次使用錯方法了，只有面對它和接受這次失敗的原因，並找出解決方法，當下次遇到相同的情境時，就不會重蹈覆轍，而是快速建立起修正的學習機制。

14

打破莫菲魔咒，
別讓工作衰神找上你

★ ★ ★

　　日常工作中，你是不是曾遇過：自認為是萬無一失的工作流程，居然在緊要關頭因為小細節而出了差錯，或是平日用不到的資料一直被擱置在旁，臨時要取用時卻怎麼翻找都不見蹤影，又或者是心裡正想著要移開辦公桌上的水杯，下一秒就有人打翻，而被弄濕的文件竟又正巧是最重要的資料。

　　身處競爭激烈的現代職場，只要有心追求傑出的工作成就，便會對每次的工作任務力求表現，然而工作狀況百百種，莫菲定律的效應也隨處可見，我們想要讓工作完全不出錯並不容易，因為即便在個人能力範圍內做得面面俱到，無法掌控的外部因素也常使人遭遇到工作不順的問題。

馬太效應

莫菲定律

紅皇后效應

⭐ 別對工作心存僥倖，以免自食惡果

綜觀發生工作失誤的原因，有不少是源自於「機率這麼小的事不會發生在我身上」的僥倖心理，而事實上僥倖心理是一種自欺欺人的不健康心理，忽略了災難本質上其實並沒有選擇性，任何人都有可能遭遇意外變故。許多時候，由於某些工作問題發生的機率很小，導致人們常誤認為這一次也不會發生，進而放鬆戒備，結果反倒加大了問題發生的可能性，更糟糕的是，在毫無戒備的情況下，人們容易對工作問題感到措手不及，如果又無法立即發揮應變力，就只能錯失寶貴的處理時機。

舉例來說，某家公司老闆臨時應邀參加一個國際性的海外商務會議，並且要當眾發表英文演說，不過這位老闆的英文程度有限，包含演講稿的內容、出席會議的重要事項，都必須由部屬從旁協助。在這位老闆出國搭機的當天早上，秘書詢問負責撰寫演講稿的主管說：「老闆的演講稿你寫好了嗎？」對方老實回答說：「我昨晚只寫了一半。這個會議實在太臨時了，要準備的東西又多，我想老闆也不可能在飛機上就要看講稿，所以等他上飛機後，我還有時間完成剩下的部分，到時再發信傳過去，應該就沒問題了。」

沒想到老闆一到辦公室，第一件事就問這位主管：「你負責

準備的那份演講稿和資料呢？」這位主管按自己的想法回答了老闆，但他沒想到事情有了意外發展，老闆一臉錯愕地說：「怎麼會這樣！這次我難得想利用在飛機上的時間，好好跟同行的外籍顧問研究一下自己的報告和資料，這下不就白白浪費坐飛機的時間了嗎？！」

類似這個案例的狀況在現實職場中時有所聞，也說明了工作時心存僥倖容易自食苦果，但是我們又該如何避免這類情況的發生，以確保能零失誤地順利完成工作呢？

從莫菲定律的啟示中，我們可以從以下要點著手：

① 提醒自我落實每項工作環節

無論身居何種職位，如果想做好工作，減少失誤，就要杜絕僥倖敷衍心理，不因為對工作流程十分熟悉就敷衍了事，也不因為某些問題的發生機率很小而怠慢輕忽，最重要的是，執行工作任務時，在事前盡可能設想周全，同時制訂定應變方案，以免問題真的發生時手忙腳亂。

做好工作計畫，在時間上減少延期風險。因所有的事做起來往往都會比你預計的時間長，所以要提前計畫和行動！人是懶惰的，是習慣拖延的，最好是提前啟動執行計畫並落實行動方案，然後給自己預留一些彈性時間。

此外，把專案拆分為多個可執行任務，從節點上減少遺漏風險。檢視每回的工作成果，不斷尋求更好的工作方式，不僅能強化自己發現問題、解決問題的能力，也能培養策劃工作事務的能力。

2 因應實際狀況，調整應變方案

執行工作時，應設想過程中各種可能發生的事情、情況或發展趨勢，可用魚骨圖、干特圖與頭腦風暴法等工具，識別出可能出現的發展趨勢，就算是發生機率偏低的問題也應一併考慮，與此同時，也應準備好應急措施與對策，尤其對於能造成重大事故的事情要建立預警機制，往往工作計畫制訂得越周密，越能有效掌控工作流程，減少不必要的干擾。

有時不管事前擬定了多少應變方案，我們仍有可能遭遇到始料未及的問題，此時應保持冷靜，根據實際情況適時調整應變對策，必要時，請求上司或同事給予協助，千萬別因擔心被指責而隱瞞問題，導致問題惡化；此外，參與團隊工作時，當我們擬定好工作出狀況時的應變方案後，必須將應變方案的相關事宜告知相關人員，以便工作發生狀況時可以相互支援與配合。

③ 對可能風險保持高度警覺

一旦想到或發現可能存在的隱患，立即用文字記錄下來，便於進一步跟進處理。好記性不如爛筆頭。記錄後要去分析，這個風險是不是真的存在？風險有多大？風險是不是在我們掌握範圍內？要在問題可能發生之前，採取有效的預防、控管措施，能有效防範問題出現，而一旦問題出現了，首先要做的是立刻著手改正問題，避免問題擴大惡化。例如人員的變動、產品原料臨時無法供給等等，這些問題隨時都有可能發生，在擔心事情出狀況前，不如好好運用「莫菲定律」，試著先釐清擔心的原因、情況，再為特別擔心的地方做調整或是另想備案。

在日常工作中，我們應牢記莫菲定律的明確提醒，不要因為事件發生的機率很小就掉以輕心，就算機率再小的工作失誤仍有可能發生，身為職場人士，即便工作再細心、思慮再縝密，也沒有人能保證永遠不出錯，因為你越覺得「萬無一失」就更容易「功虧一簣」，隨時保持危機意識才是上策，做好預防準備與應變措施，如此真的發生了問題，也就能迅速因應，妥善處理。成功者之所以成功，是因為他不想被失敗左右而已。想迎接成功，必須先放下對失敗的恐懼以及對機會的僥倖。

馬太效應

莫菲定律

紅皇后效應

⭐ 在工作中如何不被「莫菲定律」干擾

凡是可能出錯的事情，很大機率都會出錯，這句話其實指的就是當你有一閃而過的念頭時，說明你已經嗅到「出錯的味道」，但是你依然沒有措施或辦法去避免這個出錯機率時，就必然會出現你所擔心的錯誤。

某企業的一名員工Harry行事粗枝大葉，每次發給對外單位的郵件，都會出現錯別字，而他的主管李主任就曾在心裡有過一閃而過的念頭：這個人負責產品，可能會在包裝上犯錯誤。但是這一閃而過的念頭，李主任當下並沒有特別重視，所以終於有一次，Harry所負責的產品就正巧在包裝上出現嚴重的錯別字，等發現時成品早已印刷完成，造成不少損失。

這就是典型的「莫菲定律」案例。假如當時在李主任頭腦裡閃過「他有出錯的可能」之念頭時，就立即採取相應的預防方案，也就能避免問題的產生。

當我們意識到「可能會有變化」、「若是……就不太妙了」這一點時，其實就是我們對未來事件的預判，這個念頭可能是很微小的，小到一閃而過，很難被捕捉。我們就要及時捕捉住這一閃而過的念頭（警訊），只要腦中閃過有什麼想法、靈感或念頭，就隨手記錄在手機裡，或身邊的筆記本，以便回頭翻查。不

管是好的事情還是壞的事情，都盡可能地都把它們記錄下來。

關鍵就是，當你懷疑某件事情可能出問題，那麼它就一定會出問題。你可以透過莫菲定律的警示來檢查你工作上的錯誤以降低成本、減少拖延、預防意外等。其實很簡單，就是找到並且防止任何可能會引發問題的事情，並且在它發生之前對所有的工作多做幾次檢查，找到並且改正你發現的錯誤。例如，設計師在做設計方案的時候若是覺得字型太小了，可能會導致人們看不清或沒看到，那麼他們就會適當調大字型。明明機器說明書上的操作方法都寫得清清楚楚，但還是會有人亂按按鈕，然後讓機器壞掉。那麼為了避免因為亂按按鈕而導致機器故障，就要盡可能地簡化操作方式。一般來說，客戶和老闆都喜歡有考量或運用到莫菲定律的思考方式，我們可以適當運用它來提高工作品質。

就是要讓變化發生的可能機率縮小到趨近於零。在事前盡可能設想周全，採取多種保險措施，才能避免不幸發生的失誤引發工作災難。就上述例子來看，假如 Harry 日常發郵件、發朋友圈出現錯別字的機率超過九成，那麼他在工作中會犯類似的失誤其實可以說是接近百分之百。因為這應該就是他的習慣，這樣不好的習慣很難不會帶到工作上。因為他對於對外郵件的錯別字都這樣漫不經心，在重要工作中，這種習慣也很容易帶入進去，所以他出錯的機率其實非常高，只是早晚的問題而已。

馬太效應

莫菲定律

紅皇后效應

針對這樣的員工，你可以——

• 幫助員工養成好的習慣，就是要督促、要求員工在日常溝通、對外聯繫等方面，都不能出現這樣的問題，並設置獎懲機制。

• 對於這名員工負責的重要工作，一定要多設立把關環節，即安排工作細心的同事來覆核工作細節以避免出錯。

• 減少這類型員工參與到很重要的工作事項之頻率。

以下提供幾條小技巧來減輕莫菲定律的干擾。在處理煩惱問題時的要訣：

• 儘量收集資料，找出讓你煩惱的原因。

• 衡量資料的重要性，並找出應對的方法。

• 把問題和其他相關係的事物再慎重思考一遍。

• 為了切合實際，不要嫌麻煩，再檢查一遍。

• 按部就班地從事情發生的過程中找出解決辦法，不要妄下斷言。

唯有客觀審視自己提出的策略，擬定危機管理計畫，時時保持高度的危機感與警覺性，做好風險規避，才能提高計畫的成功機率。面對工作挑戰時，不應只看好不看壞，或是抱著碰運氣的

心態，讓自己陷入決策錯誤的窘境，秉持這個「必出錯」的想法來做事情，是在提醒我們，做事情的時候多想一步、多考慮一個備案，就算未來真的出錯，也能夠及時補救，或是把傷害降到最低。對員工提出高標準要求，並且告知他們這是為了養成良好的工作習慣，避免他們在未來的工作中出現問題，從而順利完成每一次的工作任務。

職場起伏、工作成敗在所難免，想要提升工作效能，有效避免莫菲定律發生的負面作用，除了要擬定周密的執行計畫與應變方案外，面對工作失誤也應記取教訓，提升處理智慧，唯有持續追求更好的工作方式，不斷學習成長，才能踏實鋪設屬於自己的成功大道。

馬太效應

莫菲定律

紅皇后效應

15

用熵減來破解莫菲定律

★ ★ ★

從維基百科查找「熵」的定義，你會看到滿屏關於熵的介紹，其中不乏一些公式，令人看了就很頭大。其實，熵的概念要理解起來也非常簡單：熵就是用來表示無序程度的，即事物的混亂程度，所以熵的值越大，系統就越無序；反之，熵的值越小，系統就越有序。比如，你家裡今天很整潔，過了幾天，比狗窩還亂，你就可以說，你家的熵增加了，簡稱熵增，熵增也就是熱力學第二定律。

熱力學第二定律指出，在一個封閉的系統內，事物最終會從「有序」走向「無序」，這表示熵的值會隨時間推移而增加，這就是「熵增定律」。

譬如房間是一個封閉系統。如果房間一直沒有人進來清掃，久而久之就會有灰塵堆積，從「有序」走向「無序」，走向熵增。如果房間沒有灰塵，一定是因為有人清理，而不是因為有風

把灰塵吹走。房間從有灰塵變成沒有灰塵，從「無序」走向「有序」，這在封閉的系統裡是不可能發生的。而為了讓房間一直保持「有序」、乾淨的環境，就一定要和外界有能量的交換，系統要保持開放，也就是要有人進入房間清掃，乾淨的房間才可能存在，這就是熵減（逆熵）。

根據熵的定律，萬物自然發展總是向熵增（混亂度高）的方向發展，也就是說一件事，如果不施加外力因素，事物永遠會朝著更混亂的狀態發展。就像一個房間如果沒有人去收拾打掃，就會變得越來越雜亂。

細細體會，莫菲定律與熵在某些方面是不是有著相似之處：熵增說明了秩序在不斷地被打亂；而莫菲定律則指出事情總是會出錯。若不及時察覺隱患，撥亂反正，放任壞習慣、小疏失坐大，讓事態失序，最終就釀成了大事故、大災難了。

熵增無處不在，而且從整個宇宙維度來看，總是熵增，因此，混亂程度必定是增加的。莫菲定律和熵增，本質上其實是在說一個事情：桌子上有一個杯子，它一定會在未來某個時間摔碎。莫菲定律說：如果你擔心某種情況發生，那麼它就更有可能發生，一定會有一個事情把這個杯子摔碎，可能是哪個頑皮小孩把它碰倒了，也有可能是地震把杯子給震在地而碎了，或者讓它過了一萬年（所有的事都會比你預計的時間長），碎的可能性就

更大了。若用熵增來解讀：那個杯子一定是從當前這個有序的狀態（完好全缺的杯子），到無序的狀態（碎杯子），絕不會反過來從一個碎杯子自動變成一個好杯子。

莫菲定律的本意是告訴我們不要放任任何一個小機率事件。在我們安排工作，處理項目時，如果發現事情會有小機率出問題的可能，一定要提前做好預防準備。也就俗話說的做好最壞的打算，凡事需要有計畫，有緊急方案，有planB，要隨時能有撥亂反正的準備。

撥亂反正的動作就是逆熵（熵減），就是要進行管理、調整，糾正壞習慣，改善失序，回復到有序、正常、正軌的一系列動作。人類文明越發達，就越有秩序，是一個熵減的過程，而崩壞就是想讓人類和周圍普通環境一樣熵增。熵增主要指事物自發地由有序向無序（混亂）發展的趨勢、狀態和過程；換句話說，就是事物朝向混亂發展的狀態。在自然界中，熵增極其普遍，逆熵可算得上是特例了。那麼「逆熵」一詞的含義就是——讓人類文明繼續發展下去，繼續熵減。

如果不做逆熵，任由事情順著自然規律發展，也就是任何事情自然而然的朝著最壞的方向發展。薛定諤在《生命是什麼》中提到「人活著就是在對抗熵增定律，積極的人生以逆熵為主旋律。」當你開始學會停止頭腦的混亂思維，你就會逐漸的走上逆

熵之道。對抗熵增的過程必須通過行動，通過經歷，通過感知，但是自律總是比懶散痛苦，放棄總是比堅持輕鬆，變壞總是比變好容易，因為所有事物都朝著無規律，向著無序和混亂的方向發展，如果你要變得自律而有序，你就得逆著熵增做功，這個過程會非常痛苦。僅是抵消熵增還不夠，還需要做更多的功，讓系統的熵減大於熵增，從而使得系統趨於有序。

管理學大師彼得‧杜拉克認為管理就是要不斷對抗熵增，也就是要致力於逆熵（熵減），企業才能時刻保持生命力、創新力，避免走向死亡。

對我們個人來說，每天會有各式各樣的瑣事湧來，如果我們任由其發展，那我們的生活就會變得越來越混亂。被無數混亂的事情牽著走，漸漸喪失了生活的掌控權。之後我們要想恢復到有秩序的狀態，就不得不花非常大的代價才行，也就是說如果我們不主動投入能量做熵減，工作與生活都將逐漸脫離我們的掌控，讓莫菲定律得逞！

16

投資族一定要懂的莫菲定律

★ ★ ★

　　莫菲定律說：「如果事情有變壞的可能，不管這種可能性有多小，它總會發生。」當它作用在投資理財方面——如果你所選擇的投資有虧損的可能，不管機率有多小，總會虧的。當然還需要一個前提條件，就是次數越多，時間越久，可能性就越接近百分之百。也就是俗話所說的：「常在河邊走，怎能不溼鞋！」的道理。

　　經濟學家斯坦恩（Herbert Stein）曾說：「如果某些事物不能永遠長存，那麼它終究會停下來。」不論是做什麼投資，要明白適可而止，見好就收，落袋為安的道理，萬萬不可與高風險投資藕斷絲連。否則，無論之前你贏了多少，最終都會全部輸回去。

　　莫菲定律的本質是：機率事件必然發生。只要一件事發生的機率不是零，那麼在無限次觸發的情況下，這件事必然發生。這

個世界足夠大，也足夠久，你認為的「不可能」事件往往不是真的不可能，而是發生機率極低。在投資市場中莫菲定律提醒人們不要忽略小機率事件。越是我們最不希望看到的事情，往往就會發生，而且這個事情往往又會對我們的資金或者是帳戶產生一個非常大的衝擊，所以面對投資我們要謹記的是：在心態上抱持最好的希望；在行動上做最壞的打算。

⭐ 在心態上，抱持正向的期待

在投資交易中，不被莫菲定律影響，就是要「抱持最好的希望，做最壞的打算，盡最大的努力。」抱最好的希望就是讓心態保持是正向積極的，在投資理財市場，無論是賺錢還是虧錢，對投資者的心態都會有很大的影響，我們所能做到的就是儘量降低這個市場對我們帶來的負面影響，也就是說要以一個好的心態來面對這個市場，往往有好的心態就會帶來好的運氣。

如果小機率事件一定會發生，那麼我們完全可以反過來正面解讀：去做一些有正向期待和正向累積的事。也就是將一件小機率會發生的事，持續做下去，它會慢慢累積成大機率會發生的事。像世界第八大奇蹟——複利便是如此，在電影《大賣空》中麥可貝瑞的決策也是如此……如果你能夠讓自己每天在某一個方

馬太效應

莫菲定律

紅皇后效應

面進步一點，那麼根據莫菲定律的推論，在未來的某一天你一定會在這一方面取得成功。

電影《大賣空》（The Big Short）中講述了這樣一個故事：2008年全球金融危機，華爾街一群投資家發現房貸市場是一個巨大的泡沫，透過做空次貸、操縱CDS市場而大賺一筆，成為少數在金融災難中大量獲利的投資梟雄。

在2005年基金經理麥可貝瑞發現美國房貸還款記錄中有大問題，違約率不斷上升，他覺得很不對勁，就找了信用違約交易CDS這個工具來跟這個泡沫對賭，開始做空次級房貸。CDS市場是信用違約互換市場。CDS是一種合同，全稱Credit Default Swaps，意思是信用違約合同，也稱貸款違約保險。合約由兩個法人交易，一個稱為買方（信貸違約時受保護的一方），另一個稱為賣方（保障買方於信貸違約時的損失）。主要為約定期內信用違約提供一個高比率的保險業務，若擔保方沒有足夠的保證金，就會帶來相當大的投機行為。若保證金充足，其意義在於為買方提供被違約時的本金保障。

故事中的主角們買信用違約交易，也就是他們覺得一定會違約，下注CDS，若是輸，則每年要繳1.5%保費，若贏則能賺30～50倍保費賠付。結果，2005年下注，2006年飽受煎熬，2007年次貸危機爆發，因而大賺一筆。舉這個例子並不是要教

大家像麥可貝瑞一樣，去做空某個市場，而是要學會去應用莫菲定律，深入去了解事物發展的邏輯與前因後果，並依此來對未來做出判斷。所以只要你認定一個小機率事件一定會發生，而且發生的機率會隨著時間的推移不斷地增大，同時，你又能夠承受這個期間成本（時間或金錢），那麼就可以投注於此。

📍 在行動上，做最壞的打算

在投資理財、做金融操作時，隨時要有「worst-case scenario（最劣情形）」的準備。

做交易什麼才是最壞的打算？因為市場隨時都可能有大變化，當市場突然出現一個很大的變動的時候，你要有一個應急的策略，因為如果你不曾想過的話，遇到出乎你意料之外的行情，你肯定會在忙慌失措中，做下不理智的決策。把最壞的情況模擬一遍，為最壞的結果做出準備，就能立即理清自己的思路，冷靜鎮定地跟著行情操作。

投資有兩個核心原則：一、一定要控制虧損；二、記住第一個原則；如有違背，按照第一個原則處理。任何時候，一旦你開始虧損了，那麼最好的策略就是停損或降低你的投資金額。如果繼續虧損，就要持續降低。只有你開始盈利了，才能逐步提高投

資數額。

「當你建立部位的理由消失了,那就要儘速離場」,這點一定要做到。如果理由仍然存在尚未消失,就好好續抱到設定停利的地方,若理由消失,則無論賺賠則應立即出場。凡觸碰到停利點時停利,該停損點時停損,才不會應該賺到的沒賺到,不應該賠的卻賠了更多。

智者千慮,必有一失,在交易中很難不犯錯,我不會知道什麼時候自己是對的,也絕對不知道下一秒會怎麼樣,我甚至不知道什麼時候賺錢,什麼時候虧;但是我一定要確保自己知道我的原則,我的底線,我的做事準則。這樣,我才能在生活和工作中,明確自己不要做什麼與要做什麼。

所以在不設止損的情況下,有朝一日,肯定會嚐到爆倉的滋味。虧得越多,回本的機率越小,比如10萬資金虧5萬,那你就要用5萬再賺5萬方能回本,也就是你需要再賺一個100%。所以不要讓自己有大虧的絲毫可能,就要嚴格執行停損之原則!

要完全阻隔斷莫非定律的發生,就是做好操作的「規劃」。一定要做資金的管理,也就是風險控管,否則一次不對,就直接出局。交易其實就是這樣!當行情偏離預期的時候,超出預期之外的時候,就要止損(停損),不要不服輸,一定要尊重市場。

⭐ 風控止損

　　莫菲定律講的是面對風險的態度，它提醒了人們對待風險要謙虛。LTCM（LTCM成立於1994年2月，是一檔避險基金，英文Long Term Capital Management。是由所羅門兄弟的前副董事長暨債券交易部主管約翰・梅韋瑟（John Meriwehter）成立。LTCM擁有當時最強的黃金陣容團隊，擁有最有經驗的專家，專家名單中甚至包含諾貝爾獎得主。公司可說是集結了世界上智商最高的人，堪稱量化交易的黃金陣容。這個集合世上菁英的基金、持有全球債券投資組合的基金，卻在幾個月內賠光。難道他們沒有算到破產的機率嗎？不，他們算到了，他們認為破產的機率是60億分之1。但根據莫菲定律，就算是60億分之1的機率，它也是會發生的。

　　我們可以透過莫菲定律來檢驗投資行為，當檢驗出投資風險極可能發生，那麼就要立即執行控制風險的行動，也就是未雨綢繆，及時止損，哪怕所擔心的風險沒有發生也不要後悔，因為直覺上即將發生的事情，有可能就真的發生。

　　許多民間借貸引發的經濟糾紛案中，起初人們往往是被高利息所吸引，然而投資人在投資前會不會有疑慮和擔心呢？是否會擔心本金要不回來？其實這種擔心肯定是有的。當你的腦中出現

馬太效應

莫菲定律

紅皇后效應

這種擔心，就說明這種情況是有發生的可能，此時就應該控制風險了。如果你是積極型投資者，就減少投資額，如果你是保守型投資者，就斷然拒絕一切高利息的誘惑，畢竟，高利率總是伴隨著高風險啊！

任何投資都是有風險的，投資前要充分考慮投資的風險係數，不能在什麼也不懂的前提下盲目投資，也不要跟風盲從，時刻提醒一定要確保本金安全為投資的前提，在此基礎上賺的錢才算是贏家。

利潤總是能夠自己照顧自己，而虧損永遠不會自動了結——這是現今華爾街的頂尖操盤手奉為「史上最偉大的操盤手」傑西・李佛摩（Jesse Livermore）的交易理念。當我們的投資有獲利、有利潤的時候，就意味著我們所面對的風險在降低。而且一旦我們有了利潤，就會更加強持倉的信心和耐心，而耐心持有贏利的投資項目是獲得一筆可觀收穫中相當重要的無形操作。當然你是抱牢贏利的投資項目而非虧損的項目。對於虧損的投資項目，就應該迅速認賠拋出。

傑西・李佛摩說：「當我看見一個危險信號的時候，我不跟它爭。我會躲開，幾天以後若一切看起來還不錯，我就再回來。我是這麼想的，如果我正沿著鐵軌往前走，看見一輛火車以每小時60英里的速度向我衝來，我會跳下鐵軌讓火車開過去，而不

會愚蠢地站在那裡不動。因為我知道等它開過去之後,只要我願意,我總能再回到鐵軌上來。」

李佛摩認為之所以會選擇某一檔股票買進,是因為當時是判斷值得購買才投資的,如果他的判斷是正確的,那麼股價將會上漲;如果股價沒有上漲,那就是自己判斷錯了,一些與股票之前給出的指標與暗示相衝突的事情發生了。在這種情況下,李佛摩通常是寧願退出交易止損。然而一般投資人的做法通常是出現虧損,還是會一直持有直到虧損達到10%、20%甚至30%。這種做法不僅會令資金縮水,更重要的是很少人會意識到:持續進行這些沒有收益的交易,會令他錯過許多能在有吸引力的價位購買心儀商品的機會。因為他們不知道要及時止損,及時收回資金,才有機會再投資那些可以期待獲利的標的。

止損就好比闖紅燈,有的人可能闖紅燈幾十年都沒出過事,但是一旦出事就是粉身碎骨,所以「風控」就是守規矩,對錯都按計畫規矩辦事,否則,你在馬路中間猶豫思考會不會被撞的時候,就相當於被套牢要不要出清止損的時候,一不小心就萬劫不復。不止損的情況下,有時候一次做錯,就被市場「砍死」了,輕者傷筋動骨,重者就此離開市場。

要養成堅決止損的好習慣,記住堅決止損帶來的好處。選擇離場不應該在虧損達到不可收拾的時候才考慮,一定要在風險可

馬太效應

莫菲定律

紅皇后效應

控範圍內做出決策。另外，把損失看做是投資理財的成本，成本不可避免，但可以控制。對每一筆投資都先做好最壞的打算，這樣就得以在經歷損失後繼續保持冷靜和積極，就能夠保證不犯大錯，確保資金實力。停損後告訴自己上一筆交易已經結束，現在是下一筆交易，你所要做的不是懊惱，而是勇敢地再參與下一回合。保存實力不被市場擊敗，而後才能再擇機扳回一局。

★ 獲利持穩

投資交易能賺就能虧，虧損和盈利都不足為奇，難得的是能夠持續長時間獲得穩定的收益。虧損誰都避免不了，唯一賺錢的可能就是——讓賺的超過虧損的，而不是每一筆都是賺錢的，這是完全不一樣的思路。請提醒自己不要妄想每一筆交易都賺錢，只要賺進來的錢多於賠出去的錢，最後能賺錢就行。

損失並不等於錯誤，有些時候，損失純粹是機率使然，是正常交易的一部分，並非錯誤所致，而是你違背交易原則和策略的一種懲罰。全球知名投資家索羅斯說：「每個人都有看對或看錯的時候，重點是看對的時候賺了多少，看錯的時候賠了多少。」

影響投資獲利的關鍵，不在於事前的「預測」，而是在進場後的「修正」，想做到這個穩定的收益，必須要遵守一個原則：

一定要控制虧損！！當有規律和這個原則相違背的時候，務請持續遵守控制虧損的原則。

　　正確的行動應該是什麼呢？首先應該是降低虧損的額度。並透過不斷地小額試探尋找盈利的機會。只有在確定了自己還在盈利，並走上正軌時，才可以慢慢達到穩定獲利的目標。投資交易是一場耐力賽，而非只是每天的輸贏，不是要追求跑得如何快，而是如何跑完全程。關鍵在於，每天持續執行能讓你賺到錢的策略。如果你在3個月賺到了50％，並不能說一定就此成功了，重要的是在「長跑」中同樣可以有持續與穩定的收益。

　　交易中獲利穩定是一個相對的大數概念，所謂穩定，如果是按月結算，每個月的結算是獲利的，那就是穩定盈利，而不是天天都賺錢的才算是穩定盈利。所以，請謹記投資只需專注做好「大賺小賠」這一件事，嚴格設定停損停利機制，例如將停損比例訂在不超過投資部位的5～10％。若股票投資部位70萬元，損失一旦超過7萬元，就要果斷將股票停損轉換其他標的；如果損失快速超過投資部位的20％，就一定要停止投資，先休息、觀望幾天後再進場。

　　穩定獲利要求在較長時間期限內總體獲利。如巴菲特，雖然其單筆帳面虧損也很多，但這並不妨礙其在全球富豪榜上長時間穩居前三的位置。也就是說我們要將虧損當成交易成本的一部

分，並有效加以控制。但有些投資者總是為局部的虧損懊惱不已，因此亂了方寸，影響後續交易。

穩定獲利的最重要前提就是，投資者要堅定執行制定好的交易策略。實務中常常可以看到，失敗的投資者總是頻繁轉換自己投資策略，一點點獲利就出場，投資虧錢就裝做沒看到不處理、也不停損，把長線做成短線，結果錯失大筆利潤；或把短線做成長線，造成巨大虧損；在盤整中高位不敢賣，擔心一賣就突破；低位不敢買，生怕一買就被套，這樣只能來來回回坐電梯。

投資市場是人在參與，市場的波動都是源於人們對未來預期的反應，只有克服了人性弱點的投資者才是真正的贏家。人難以克服人性的貪婪與懼怕虧損的心態，正是由於人性弱點的存在，人們不可能做到完全或者每時每刻都能克服自身的人性弱點，因此必須依靠規則來約束自己。嚴格遵守交易規則，「堅持對的，糾正錯的」，如果你能看淡對錯與輸贏，堅持做對的事，成為理性的投資者，賺錢就只是時間問題而已。

在投資交易中，不迷戀小機率事件，有風險的投資，虧損是必然的！而虧損的原因往往是我們所忽略的風險因素。所以，控制風險遠比如何獲利重要，不然所有獲利只是紙上富貴。以下的投資建議可以阻止你犯下愚蠢的投資錯誤，幫你省下數十萬甚至是數百萬元。

- 如果它看起來好得讓人難以置信，很可能就真的不能相信。
- 重要的事總是簡單的，簡單的事總是難做到。
- 無論多麼希望美夢成真，都得謹防不尋常的高報酬。
- 如果沒有做任何調查，只是因為朋友的投資就跟進，這是不明智的。
- 投資前做足功課準備，克服人性的某些弱點，客觀地看待自己能力，並留足充分的風險防範空間。
- 任何投資要與時間做朋友。多做隨著時間的推移，交易對我們長期有利的事情，謹慎利用槓桿資金。
- 「計畫你的交易，交易你的計畫」，設置選股標準與操作標準，杜絕交易的隨機性與隨意性。
- 自己盡責調查！不要相信別人提供的數字。記住，他們只是想要賣東西給你的人。同時，與其他投資人比較彼此所獲取的資訊，確保你們的資訊一致。
- 交易要有邏輯性思維，邏輯不變，標準不變，操作亦不變；邏輯變化或標準達成，交易亦嚴格按計畫執行。
- 某項投資如果沒有長期投資人，你就要謹防留意了。
- 尚未思考某投資的擁有和操作策略等細節前，不要出手，訪問幾位長期投資人的意見或看法。

馬太效應

莫菲定律

紅皇后效應

- 了解哪些機會是專業人士創造出來的，這些通常是可以先行預測的。業餘人士編造的投資機會，往往很危險。你必須知道，自己是在和誰打交道。

- 有時候，你可以做的最好投資，往往就是那些你不願意做的投資。

- 了解並學習何謂領先指標、同時指標與落後指標。

- 還沒有詳閱內容並徵得律師同意前，千萬不要簽署任何的合約。

17

莫菲定律與黑天鵝事件

★ ★ ★

黑天鵝事件

黑天鵝事件是指不可能發生，實際上卻又真實發生的事件。有點類似莫菲定律。世界上真的有黑天鵝嗎？有的。在歐洲人發現澳洲之前，17世紀之前的歐洲人認為天鵝都是白色的，所以歐洲人第一次看到澳洲獨有的黑天鵝時十分震驚，也打破了人們對天鵝都是白色的認知。隨著第一隻黑天鵝的出現，引起了人們對認知的反思——以前認為對的不等於以後總是對的。

黑天鵝事件通常是指難以預測、出人意料的事件，一旦發生便會引起連鎖負面效應，後果通常非同小可。一個黑天鵝事件，具有以下這三個特點：

- 這個事件是個離群值（outlier），稀缺、通常史無前例的，因為它出現在一般的期望範圍之外，過去的經驗讓人

不相信它有出現的可能。

- 它會帶來極大的衝擊。

- 儘管事件處於離群值，一旦發生，人會因為天性使然而會在事後為它的發生編造理由，讓這事件成為可解釋或可預測的。

（通常僅滿足前兩項即可稱之黑天鵝事件）

所以，黑天鵝強調是超出人類期望和認知的重大事件，人類無法避免，儘管事後會找出種種理由來自我安慰。如果將「黑天鵝」定義為多數人事先沒料到的事件，這樣的事還不少：川普贏得美國大選、「911」恐怖襲擊和 2008 年金融海嘯、全球性傳染病等，其所造成的影響幾乎都是超乎人類想像與預測的。像 911 恐怖份子攻擊就是最不可能發生的事件，但當它發生後就會造成無法掌握的狀況，三千多人在這次黑天鵝事件中喪生，美國的經濟此後一度處於癱瘓狀態，巨大的經濟損失無法用數字來統計。

簡單來說，黑天鵝理論告訴我們生活在高度不確定的環境中，許多事件根本無法預測，而人們認為不可能發生的事情常常就真的發生了。和莫菲定理所說的：如果事情有變壞的可能，不管這種可能性有多小，它總會發生，並造成最大可能的破壞。這些理論都警示著我們：「人類自以為是的無知」與「未來的難以

預測」，如果平時沒有未雨綢繆，當最不可能發生的事情發生了，就可能措手不及。

　　莫非定律與黑天鵝事件的概念相差不多，但是背後所隱藏的含意不盡相同。黑天鵝事件強調不可預料性（人類不知道什麼樣的壞事會發生，也不知道會怎樣發生），而莫非定律恰恰強調的是可預料性（知道壞事是什麼，只是機率很微小，甚至也知道壞事會如何發生）。相同點是兩者都強調其不可避免性，黑天鵝事件超出我們的認知，所以無法避免，而莫菲定律中的壞事雖然機率小，但只要重複的次數足夠多且時間拉得足夠長，一樣無法避免。

　　黑天鵝事件總是在平靜和諧的時候突然而至，打破了寧靜，就好比在炎熱的夏天突然下起了暴風雪一樣，在你毫無防備時突然而至。金融市場上，經常將難以預測的極端事件稱為「黑天鵝（Black Swans）」，而黑天鵝多數會對股市造成極為嚴重的負面影響，甚至是具毀滅性的，哪怕你連續獲利10個月，一次黑天鵝事件就可能讓你賠光積蓄。面對黑天鵝危機的應對方案就是保持冷靜，耐心等待市場回穩。根據過往金融市場的「黑天鵝」事件軌跡，如1929年華爾街股市崩盤、1997年亞洲金融風暴、2007年的次貸危機等，雖然市場會經歷一段時間的震動與低潮期，但歷史證明長線走勢始終都會逐步回升。

「黑天鵝事件」警醒地指出：經驗學習的局限性。我們若是把自己知道的知識和經驗太當回事了，但事實上那些我們不知道的事比知道的事更有意義。黑天鵝的不可預測性，會造成一個認知上的重大障礙——我們無法像其他知識一樣，從過去的經驗中理解它的規律。也因此讓人們反思——以前認為對的不等於以後總是對的。後來人們就用黑天鵝代表「某次觀察就能打破過往無數次經驗的總結之現象」。告訴我們過去的經驗並不可靠，在沒有發生汽車追尾事故之前，你總是認為自己與前車的距離是合適的，足以讓你做出反應，為什麼你會這樣認為呢？因為你的依據是——這個車距從來沒有讓我發生事故過（但其實你根本不曾驗證過，只是之前從未出事過）。

「我們所不知道的事，比我們所知道的事更重要，這才是黑天鵝事件出現的真正原因」。假設有一位立法者在他的努力遊說下，於2001年九月之前通過了一項法案，規定航空公司必須在飛行員駕駛艙內安裝防彈門並能從裡面上鎖（這是911事件發生後新增的規定），那麼是不是就不會有「911」事件的發生？但若是「911」從沒有發生過，這位立法者的「貢獻」誰會去承認呢？並不會有人能認知到這法案規定能避免掉多大的災難，能杜絕如何巨大的危機。

既然黑天鵝事件無法預測，我們就必須去適應這些事件的存

在（而不是天真地企圖去預測）。如果我們不過度專注於我們所知的事，而是專注在反知識（antiknowledge），或是我們所不知道的事，則我們可以做許多事。因為「自己的思想」，「自己的經驗」是非常有局限性的。只有反常地思考一切，才有可能發現更多「不知道的事」。

小機率事件、經驗不可靠和我們不知道的事，這是「黑天鵝」事件的三個特點。正確面對黑天鵝的方式是不去預測它，先認清自己的無知，畢竟世上多的是不知道的事。你唯一要做的事情就是投注在工作上，做好萬全的準備，對所有可能的結果做好準備。當你拋棄了未來完全可預測的想法後，你就可以著手對可能發生的情況做好準備，然後通過未來的不可預測性來獲益。願自己能永遠保持對世界的好奇，彈性面對不同想法，廣泛探知更多的可能！

18

與莫菲定律相反的定律

　　莎莉定律（Sally's law）與莫菲定律恰好相反。莎莉定律認為事情看起來很可能變壞，但是往往會出現意想不到的好結果，好事情接連發生，就算遇到不好的事情也會轉禍為福。是在考量過變壞的情況之後，結果卻往往意外變好。白話一點來說，可以用「錦鯉體質」來描述莎莉定律：儘管知道中獎機率比較小，但抱著「賭一把」的心態嘗試，卻又剛好抽中大獎，這種「天選」一般的幸運感就是莎莉定律想要表現的。

　　莫菲定理說：如果事情有變壞的可能，不管這種可能性有多小，它總會發生。會有這樣的論斷，是因為人們都過於關注壞事的發生，而忽略了壞事未發生的其他情況（而這種其他情況往往才是占了絕大多數的情況）。說穿了就是受到人們心理認知的影響。人們之所以更傾向於記住不好的事情，這和我們的本能和生存意識有關。我們之所以覺得莫菲定律很準，就是因為當不好

的事情發生時，我們才會特別注意到它，認為果然又是「莫菲定律」在作怪。如果事情是如自己預期般順利發展，我們是絕對不會去聯想到莫菲定律。例如，新聞只會報導飛機失事，而不會報導飛機平穩降落，而觀眾就可能對此產生「飛機總會失事」的想法，但實際上，飛機失事是極小機率發生的事件。都是人的過渡關注和感知放大實際機率而導致因果誤判的情況。

莫菲定律的反面，還有一個是麥克斯韋爾定律：「任何事情都看似很難，實質不難；任何事情都比你預期的更令人滿意；任何事情都能辦好，而且是在最佳的時刻辦好。」強調做一件事情，只要努力去做，總會比預想的結果好。肯定人的主觀能發揮作用，完全可避免犯錯。可以說是完全和莫菲定律相反，麥克斯韋爾定律告訴我們：任何事情都能辦好，而且是在最佳的時刻辦好。所有的意外事故是可以防止的，所有安全操作隱患是可以控制的；不願意發生的事故的機率趨向於0是完全可能的。令我們看到任何事情積極的那一面，永遠都抱持積極樂觀的心態。

本質上，三個定律是關於做一件事情的做好、做壞機率問題；從思想心理、主觀能動性上看，是悲觀主義、樂觀主義與宿命主義的區別，但都有警示的作用。

莫菲定律揭示做事情都可能出現最糟糕的情況，但我們不能因此而悲觀、放任自流，而應當未雨綢繆、防微杜漸、去除隱

患。

　　麥克斯韋爾定律強調行動的積極意義，告訴我們任何事情我們都能辦好，我們會是那個幸運兒。我們雖然不能因此就認為只要去做就一定會帶來比預想好的結果，因為過於樂觀會令人麻痹而大意，但人們若是能在危機中保持樂觀的心態，才能應對日常生活和工作的種種問題，能積極認識、把握並做好事情，避免疏漏而招致災禍，並不能有無能為力、坐以待斃的心態。

　　莎莉定律起因於莫菲定律，揭示了在看似不可左右的變壞結果面前，勇敢做下去也可能有「幸運」降臨（即使機率很小也會發生），因而比莫菲定律積極，比麥克斯韋爾定律宿命多了。

　　雖然莫菲定律揭示的事故之發生可能性存在，莎莉定律祈求上天，捕捉極小幸運的不切實際，如果我們不去看麥克斯韋爾定律過度樂觀的那一面，其所啟示的「人定勝天」、「事在人為」樂觀心態和積極、正向的行動作為，才能夠取得較大的社會成就並從中得到益處。積極作為與消極作為或不作為，對你的人生產生的結果可能完全不同。因此，過於悲觀或樂觀都不好，我們要做一個具有憂患意識的樂觀主義者才是正確的智者。

Plus
19

莫菲定律與吸引力法則

★ ★ ★

莫菲定律：你擔心的事往往都會發生。

吸引力法則：你想要的一切都會被你所吸引而來。

我們常聽人說，怕什麼來什麼，想什麼不來什麼。就是說越是不想見到的事情，恰恰就這樣發生了。那麼莫菲定律以及吸引力法則有什麼區別嗎？

「莫非定律」說所有你希望不要發生的事情它都會發生；「吸引力法則」則剛好相反。莫菲定律闡述了一種偶然事件的發生機率是隨期待值或者負面值增加而增加，側面突顯了偶然事件的必然性，實際上人們的思想意識會隨客觀發展而主觀改變，恰好主觀意識也決定著思想的動向，思想的動向也決定了執行行為的方向，執行結果也影響著事件的客觀發展。越是悲觀的人可能負能量增加，連帶影響著行動力，導致莫菲定律更加突顯。

「吸引力法則」，指思想集中在某一領域的時候，跟這個領域相關的人、事、物就會被他吸引而來。吸引力法則和莫菲定律是相通的，莫菲定律講的是越擔心會發生的事情越有可能變成現實。吸引力法則講的是指思想集中在某一領域的時候，跟這個領域相關的人、事、物就會被它吸引而來。也就是說，心中所想之事越發強烈，似乎就越容易實現。

兩者的差別在於——吸引力法則是建築在無可動搖的信心上，越希望的事情越會發生，因為在還沒得到以前，就具備無比的信心相信自己會得到。莫菲定律是建築在得到結果的信心上，越渴求的東西越得不到，因為在還沒得到以前，你根本沒有信心。

吸引力法則是指，你會吸引來你所關注的事情，而不論你抗拒或者想要。你要有信心、相信，你才會讓你想要的事情發生。擔心、害怕只會讓你累積吸引到負面事物。就是思想集中在做一件事情的時候，與這個領域相關的人、事、物就會被它吸引而來。不論是好事還是壞事，只要是心裡想的就會來到自己的身邊，也就是說，心中所想之事越發強烈，似乎就越容易實現。

從心理層面來看莫菲定律所表述的事情，根本就是錯覺總結，而不是規律總結。那是因為人們相對較關注失敗的結果，而不是正常的結果，所以會自動放大錯誤機率迎合莫菲定律。莫菲

定律其實就是透過控制你的關注點，進而控制你的思想。如果你的關注點都在不好的事情上，那麼你的思想會不自覺地尋找並吸引壞事，當壞事吸引來之後，如果那時你沒有做好準備或者能力不夠，出現失誤的機率當然就很大，那麼壞事按照預想發生的機率就大了很多。所以，與其說莫菲定律很靈，不如說是人們太堅信莫菲定律了。

所以，與其相信莫菲定律，不如記住一個更廣泛的法則——吸引力法則。它告訴我們，如果你一直是正向積極地思考而且是你想實現的夢想，那麼好事也一定會發生。刻意地與潛意識做鬥爭，把潛意識積極地變成顯意識的時候，思想就會改變，思想決定了行為，行為就決定了結果。讓思維焦點都放在積極的事情和情緒上，而不是像莫菲定律一樣，看到的都是負面的事。

吸引力法則顯然激發了人們的無限希望，並符合心想事成的美好願望。

針對你的夢想，你是否曾經想過，你要做些什麼行動來貼近你的夢想嗎？你有實際去規劃嗎？請檢視自己的步伐，是否走在你想要去的道路上？實現夢想真正的行動在於，你的內在狀態和外在狀態是否一致，同頻同調。說白了就是你真心想去做的行動，而這個行動是能帶給你興奮、快樂、幸福或是感動的情緒，並且不會危害到他人的行動，就是實現夢想的最好方式，也是成

功的捷徑喔！

　　吸引力法則提倡的是主權在自己的世界觀，的確對很多人具有正面價值。然而現實是：有些東西自己可以控制，有些部分則不能。如果我們太過認同莫菲定律，認為自己什麼也控制不了，不但脫離現實，更會導致意志消沉。我們要推行積極的莫菲定律。如果我們意識到可能會出現的問題，那麼我們就要更仔細、認真地對待這些問題，想要好的發展，根據吸引力法則，就要往好的方面想，希望一件事怎樣，就大膽設想，同時讓行動去靠近設想。然後坦然應對錯誤或突發狀況，因為莫菲定律告訴我們這都是機率內會發生的事情，並不是無緣無故，所以要認真處理好它。唯有「盡人事，聽天命」方為理性合宜的態度。

　　在了解了莫菲定律之後，我們不妨從一個全新的角度來看待事情：如果你的內心總是想著壞的事情，它就會發生；如果你的內心總是往好的方面想，那好事是不是也就隨之而來了呢？坦然接受事實，放鬆心態調整自己，可能你就能扭轉乾坤，就能做到讓好事成真，壞事轉壞為好呢！正所謂否極泰來是也！

紅皇后效應

由美國芝加哥大學進化生物學家范瓦倫（L.van. Valen）於 1973 年提出

你必須拼命地跑、不停地跑，才能保持在原地。
如果你想去其他地方，
速度必須加快兩倍以上才行！

視頻連結：https://youtu.be/QITgaAVdaMY

RED QUEEN
EFFECT

What & Why

1

「紅皇后效應」背後的故事

★ ★ ★

　　什麼是紅皇后效應（Red Queen Effect）？這個概念來自於英國作家路易士・卡羅（Lewis Carroll）所著的《鏡中奇緣》（Through the Looking Glass）。本書的姊妹作就是大家都耳熟能詳的《愛麗絲夢遊仙境》（Alice in Wonderland）。故事中愛麗絲夢見自己進入一個充滿鏡子的房屋，屋裡所有的東西都左右顛倒，就像在鏡中看到的景象一般。然後她發現棋盤上的棋子竟然都是活的。當她走出門外想要爬上山坡看看花園的景緻，驚訝地發現原以為是通往山坡的小徑竟然讓她又走回那間小屋（努力往前的結果竟然是回到原點）。

　　此時愛麗絲發現這個花園裡所有的花都會說話。花兒們告訴愛麗絲有一個和她一樣的人，此即紅皇后，常常經過這裡。於是她決定去找這個紅皇后。當愛麗絲看到紅皇后朝她走來時，卻又發現紅皇后一下子消失不見了。這時候她想起玫瑰花告誡她的

話：妳可以朝反方向走。於是她掉頭往另一邊走，果然發現紅皇后就在眼前。一路上紅皇后說在這個地方，山坡可以變成山谷，這個世界中看似直的路其實是彎曲的，而要前往一個地方的方法是要往反方向走過。當她們到了山坡之後，紅皇后跑了起來，而且越跑越快。為了跟上她的腳步，愛麗絲也跟著跑。跑啊！跑啊！兩人終於停了下來，愛麗絲赫然發現，奔跑中周圍的景象似乎都沒有改變，兩人停下來的時候原來的那棵樹仍在身旁。愛麗絲困惑地說：「為什麼我們跑了這麼久卻仍在原來的地方呢？」因為在她的世界中若是這麼努力地跑一定會到達她想要到達的任何地方，但為何在這個「世界」不是這樣呢？紅皇后這樣回答她：「在這裡，妳得拼命地跑、不停地跑，才能保持在原地。如果妳想去其他地方，速度必須加快兩倍以上才行！」「Now，here，you see， it takes all the running you can do， to keep in the same place. If you want to get somewhere else，you must run at least twice as fast as that!」

美國芝加哥大學進化生物學家范瓦倫（L.van.Valen）於1973年借用紅皇后這句頗有禪意的回答，提出了生物學上非常著名的「紅皇后假說」（Red Queen hypothesis）——生物只有不斷地進化，才能保持物種之間的平衡，逃脫被滅亡的結局。恰如其分地描繪了自然界中激烈的生存競爭法則：不進則退，停滯

馬太效應

莫菲定理

紅皇后效應

等於滅亡。

　　自然選擇只能夠讓生物適應當前的環境，而進化功能則是讓生物更加適應未來。說明了演化不只是一個物種去適應物理環境，還要加上兩個物種彼此互相適應。而一個物種的演化會促使另一個物種也演化。縱然物種對於環境適應良好，仍然不能稍有懈怠，因為敵手也會適應環境，生存競爭其實就是勝存敗亡的零和遊戲。

　　簡單來說，假設你是一名狩獵者，想繼續存活在這個世界上，那你就必須跟上獵物進步的速度。就像在遠古時代，也許獵豹的奔跑速度沒有現在這麼快。據說獵豹媽媽是這樣教小獵豹的：「孩子，你要是跑不過瞪羚，就會被餓死。」瞪羚媽媽的家教則是：「孩子，你如果跑不贏獵豹，就會被吃掉。」由於獵豹與瞪羚形成了追與被追的關係，相互間經常要進行殊死的較量，所以速度成了它們生存的必備條件。

　　經過一代又一代的激烈競爭，跑得慢的獵豹餓死了，活下來的都是精銳中的精銳。因為跑得比較慢就吃不到食物，無法生存，只有跑得最快的獵豹能存活，所以一代一代傳下去；瞪羚也是一樣的，兩方不斷進化，越跑越快，最後這兩種動物都沒有絕種，獵豹沒有殺絕瞪羚，瞪羚也沒有餓死全部的獵豹，留下來的都是比前一代跑得更快的，這就是「共同進化」，此觀點認為一

種生物的進化必然會引起其他生物的相應進化，就像獵豹與瞪羚之間的關係一樣，雙方為了「留在原地」都已經經過了一番「進化」。生物為了生存下來，不斷被進化，環境也在變化，如果它不夠快，就如同停留原地，也許等待它的就是死亡。紅皇后假說所闡述的就是物種之間的這樣一種動態平衡，新物種和老物種，捕獵者和被捕獵者兩者之間的滅絕關係是相同的。就好比羊如果都死了、被滅絕了，那麼狼就沒有食物了，它也將會滅絕。

1995年哈佛學者卡夫曼（Stuart Kauffman）藉此來描述商業生態圈的動態競爭，指出商業競爭將引發一連串組織學習與自然淘汰，不斷地使競爭加劇；在這場演化的競賽中，一如自然界的掠食者與被掠食者，商業世界的競爭者與防禦者，兩邊的速度與力量雖然都與日俱增，但雙方的相對地位，並沒有任何改變。無論是永無止盡的作業系統版本更新、國家間的武力軍備競賽、社群媒體演算法更新。只要有競爭，就算表面上看起來平衡並未改變，在水面之下可能早已經歷了一番龍爭虎鬥！如果你想打敗你的競爭者，那你成長的速度就必須比那些競爭者還要快。別人不會同情你，也不會可憐你，而你只會從一個旗鼓相當的對手變成落於人後的追逐者。

What & Why

這是一個不進則退的時代

★ ★ ★

世界上有三種人，一種是不斷奔跑，試圖改變世界。一種是停在原地，醒來發現世界已經變了，最差勁的是，連事情發生了都不知道的人。

紅皇后所說的：「在我的領地中，妳要一直拚命跑，才能保持在同一個位置；如果妳想前進，就必須跑得比現在快兩倍才行。」就是這個高度競爭時代的寫照，其實際意義與中國俗語「逆水行舟，不進則退」相同。

如果你做得和昨天一樣好，其實就是退步；你和大家同樣努力，也只不過是能不被淘汰；想要贏過別人，唯有比別人跑得更快兩倍。成績、技能、體能、能力、人際關係……一切的一切，都如逆水行舟，不進則退，而即便拚盡全力，也許只能退得慢一些而已。我高中老師當年就是這樣說：「商人做生意要拚！你們考聯考也要拚！台大第一志願就只收那麼幾百個學生，別人

上榜，就表示你落榜！」世界就是這麼殘酷，像一個龐大的跑步機。你站著不動，就會掉下去。

這世間上的一切都是相對的而不是絕對的。如果有一隻熊在追你和我兩個人，我只要跑得比你快，就算是快了！愛因斯坦的相對論告訴大家，時間跟空間都是相對的。例如誰能考上台大、誰不能考上台大，比的分數就是相對的。

我小時候家裡其實是非常貧困的，大概到國中之後家境才開始稍微好轉一點，高中時我父親保了國泰人壽，當時國泰人壽設有保戶獎學金，因為我的成績還不錯，我就去申請，結果並沒有入選，我母親還打電話去問：「我兒子這麼優秀為什麼會沒有審核通過？」對方回說：「有通過的都是全部100分的，你兒子這種成績，當然輸人家。」我母親就跟他講：「你不知道我兒子是建中的嗎？」那國泰人壽接電話的客服解釋審核標準是看成績單，如果那個人的成績單都是100、100、100、99，所以國泰獎學金就給那個人，而我呢？雖然是建中，但成績單上都90幾分，他也不能發給我獎學金。什麼叫相對分數？就是你的分數都比別人高，你就能進台大，才不管你是多少分。

所有的進步都是相對的。有時候不是你沒有進步，而是別人進步更快。愛麗絲跑得越快，世界隨之更新的速度也越快，就顯得她的進步也越小。就像是在學校，你原本班排第一，但若是

馬太效應

莫菲定理

紅皇后效應

你沒有認真複習預習，可能就會掉到班排第二，儘管你並沒有變差，但其他同學更認真的話，就會導致你的排名退步，龍舟比賽你這隊原本是領先的，但如果你停下槳，其他隊馬上就會追過你，所以請明白一點：你進步別人也在進步，你不前進，別人就會超過你！

我們每天在這個社會上努力奔跑，只是為了不被拋棄。你是否發現身邊的人嘴裡雖然在抱怨著生活，私下卻默默努力變得更好。有人喜歡偷偷努力，讓人誤以為他的生活很輕鬆，就像我那個說自己沒唸書卻數學考了 100 分的學霸同學，其實每天都在熬夜刷題。能讀建中就表示他本身很聰明、讀書很厲害了，還比別人更用功，不就更無敵，更讓人難以追上嗎？這就是這個世界上最可怕的地方，也是馬太效應形成之因，你永遠不知道那個很厲害的他在鴨子划水做了什麼。當所有人都在變好而你卻沒有，那麼你就正在被淘汰。在你停滯的同時，其他人並不會停止前行，而你就已經落後了，不是嗎？當你重複著單調而冗長的生活，不甘落後卻又不願努力，最後會發現只能看見別人的背影。羅曼・羅蘭說，「多數人二三十歲就死了，他們變成自己的影子，不斷重複以前的自己。」

就像競技運動一樣。或許去年的時候你登頂奪冠，榮耀加身，今年就可能因為疏於訓練而輝煌不再。你不會一直站在高

峰，也不會一直待在谷底。如果你不想從跑步機上掉下去，請努力地奔跑吧！

盡全力奔跑只能維持在原地，這不就是生存競爭法則嗎？不斷地改變，是為了是維持不變。但如果有一方跑得太慢，就只能被淘汰出局。

十八世紀六十年代，英國工業革命，資本主義開始在西方世界萌芽。這個時期的中國，正處於乾隆年間，1757年，也就是乾隆二十二年，乾隆下旨，除廣州外，停止其他港口對西洋的貿易。在隨後的一個世紀，人類進入了蒸汽時代，西方各國大力發展工業，進行了資本的原始累積，為後來生產力的發展打下基礎。而同時期的中國，卻依舊活在天朝帝國的舊夢中，長期的閉關鎖國政策，致使中國與世界隔絕，慢慢落後於世界。這就是一個國家故步自封的後果。小到個人，大到企業、國家，如果不想被歷史的車輪壓得粉碎，就必須努力向前奔跑，永不停歇！

⭐ 為何富士可以生存，柯達卻要破產？

紅皇后效應不只是個寓言故事，它確實存在於現實世界，還深深牽動了當代企業的興衰。如果說個人停止進步會影響到工作和生活，那麼一個企業不創新、不順應時代的發展，只想停留在

曾經輝煌的夢裡，它終將面臨毀滅性的打擊。因為你的競爭者不會對你手下留情。GE前總裁威爾許說過一句話：「當公司內部的變化少於外部市場的變化的時候，距離破產就已經不遠了」。

在底片時代，柯達曾佔據了全球三分之二的銷量。早在1975年，柯達工程師Steven Sasson就發明了第一台數位相機。當時的柯達在底片市場如日中天，高層們根本不屑於這種數位相機，認為照片沖印已經有一百多年的歷史了，也不曾有人抱怨過，而且還經濟實惠。如果現在就推數位相機的話，那麼膠捲底片的業務就會大幅萎縮，由於柯達不想自己打自己，擔心為公司帶來巨大利益的底片銷量受到影響，而遲遲未敢大力發展數位業務。但是暫緩的結果就導致它最後破產，因為別人立刻就追了上來了。直到2003年，柯達才宣佈全面進軍數位產業，但當時佳能、富士等品牌已佔據「數位相機」的龍頭地位，2004年柯達才推出六款姍姍來遲的數位相機，但利潤率僅1%。最後……柯達死在數位攝影的轉型中，於2012年申請了破產。

柯達上世紀極其風光，甚至可以說是那個時代的Google。柯達成立於1880年，以當時最先進的技術及創意營銷聞名。著名的口號是「按一下快門，其餘我們幫你搞定」（You press the button，we do the rest）。而來到1976年，柯達在美國的底片及相機銷量，已佔市場八～九成。直到上世紀90年代為止，柯

達一直都是全球五大最有價值品牌之一。柯達的收入和利潤分別在1996和1999年達至巔峰，高達160億和25億美元。

不過，隨著數位時代來臨，柯達急速衰落，敗給了競爭對手富士。他們的差異主要有兩點。第一，富士業務較為多元化。還努力為其在底片領域的專長尋找新出路，例如該公司為液晶平板顯示器開發了光學薄膜。正是多元化的業務，使它有能力抵抗底片市場的衰落。

第二，當數位影像技術開始取代底片時，柯達堅持守在衰落中的傳統相機行業，但富士已開始轉型了。富士雖然比較遲研發數位相機，但卻早於1988年開始投產並推出市場，是底片製造商中最早轉型銷售數位相機的，成功搶先一步轉型。柯達就這樣被比了下去。

⭐ Nokia 為何失去手機霸主地位？

提到手機就會想到當年的霸主諾基亞Nokia，相信早年大家都曾擁有過諾基亞手機。從1996年到2010年，長達15年的時間裡，諾基亞連續佔據手機市場份額第一的位置。可是自從智慧型手機出現後，它的市場份額就逐漸下降，直到2011年諾基亞連續15年全球銷量第一的位置也被蘋果和三星超過。

馬太效應

莫菲定理

紅皇后效應

　　諾基亞之所以會失敗就是因為輕敵，認為自己是市場龍頭，市場第一出產的手機一定會有人買！據說在蘋果手機問世前，曾有員工建議開發觸屏手機，但被高層領導以成本過高為理由否決了。諾基亞最大的失敗是沒有跟上潮流，一直安逸於它的霸主地位，當大家都選擇做安卓系統的時候，諾基亞還在做自己的半智慧系統，耗時數年開發而錯過了唯一的機會。當諾基亞面臨業績下滑的時候選擇做安卓系統或許還有救，由於諾基亞高高在上的位置，不肯轉移做別的系統，導致錯失良機。如果只是一味地因循守舊，而不顧其他外部因素，結果往往是這種發展不僅沒有帶來進步，反而相對於敢於創新的競爭對手而言是退步了。諾基亞的問題，就是不能以足夠快的速度，匹敵新崛起的競爭者，開發出高品質的創新產品。

　　「紅皇后」提醒了我們要快速進步。商業世界中的動態競爭，讓企業必須不斷加速學習，但前進的同時，市場淘汰機制也跟著加速，如果想要維持競爭中的特定優勢，就不能停留在固有的技術、方法上，必須要持續的進步。因為競爭對手是不會放過你的。

　　在企業的競技場上，企業營收持續成長並非表示就不會被淘汰，當你的企業成長的速度與幅度趕不上競爭對手一波又一波大躍進式的成長，也只能眼睜睜地看著後起之秀一個又一個超越自

己。不成長，就只有被淘汰的命運；成長的速度不夠快，還是一樣得面臨被淘汰的命運，只是死得比較慢一點而已。

　　企業間的競賽宛如是一場沒有終點的馬拉松賽，唯一可以休息的時候，就是認輸退出賽局的時候，如何比競爭者更快一步？企圖心、精準的策略方向、創新思維、創新行動，以及續航的執行力，缺一不可啊！

提升內在，擴大外存
破存邊界化，創造新價值

提升核心競爭力，打造個人終極IP，
讓你的價值展現、思維重塑，
跳脫內耗洪流，
從內捲到反內捲，平衡世界本該有的樣子！

利基是反內捲決勝點！
掌握成功者思維，
讓你財富入袋，
智慧增長，創造雙贏！

馬太效應

莫菲定理

紅皇后效應

What & Why

我們在進步，競爭者也在進步

★ ★ ★

紅皇后效應至少包含以下兩層意思：

• 要努力奔跑，才能保持原地或者不至於落後。

• 要全力奔跑，才能突破現狀，超越他人。

警醒著我們人生和商業競爭中的法則——你當前的境況是不是最好的不重要，比其他人跑得快才重要。否則，你連留在原地都很難做到。要想超過競爭對手，你不是要比自己以前跑得更快，而是要跑得比競爭對手更快。

幾乎所有公司都明白不發展就會被淘汰，於是都致力於如何增加銷售量、提高利潤。但一段時間後，他們所面臨的競爭局勢並未好轉。原因就是當你在進步的同時，你的競爭對手也在進步。很可能你的進步並不一定能超過競爭對手，你的競爭對手仍然是你的競爭對手。

像是可口可樂與百事公司之間的競爭，就持續了百年。他們

除了在廣告上較勁，在產品上也是亦步亦趨，例如兩家公司都有健怡可樂、櫻桃味可樂、橘子汽水、沙士、運動飲料等。然而，多年來兩家公司在美國的碳酸飲料市場佔有率一直維持在大約40%（可口）與30%（百事）。因為，當某家公司推出新產品或新行銷策略而有所斬獲時，另一家公司就會被迫回應。因為激烈的競爭關係，兩家公司不斷發展新產品、開拓新市場、尋找新的行銷創意，結果是他們都鞏固了自己的市場佔有率，讓其他公司無機可乘。

紅皇后效應加速了企業的成長，因為被迫跑得更快、變得更強，對競爭者形成了莫大壓力；當紅皇后效應發揮得淋漓盡致時，市場的進入障礙將被高高築起，產業快速趨於飽和，最終降低了個別公司的成長速度，以及產業整體的新陳代謝率，甚至也改變不了競爭優勢的分佈。

早年我是做高中參考書起家的，當時同業中立根集團的蔡老闆也是在那時創業成立出版社的，他是台大物理系第一名畢業，而他的出版社為什麼最後沒有做起來，退出市場呢？因為他犯了一個錯誤，他犯的錯誤就是老是拿他自己的未來跟別人的現在相比；而我為什麼會成功，出版社越開越大終成集團呢？因為我很務實，我是拿我的現在跟別人的現在相比、拿我的未來跟別人的未來相比。

馬太效應

莫菲定理

紅皇后效應

　　蔡老闆他也是一個很厲害的人，比方說他開會的時候會將市面上的參考書一字排開，進行比較分析，翰林怎麼樣、南一如何……，分析得頭頭是道，然後說他在未來會出版一套書將是如何地優秀，就能把這些競爭對手通通幹掉。但其實蔡老闆錯了，他忘了他的對手不是笨蛋，也不是白癡啊，別人也會去改善提昇，也會進步。他不能老是說：「我未來會出一個什麼什麼東西，別人現在這些產品，到時候都不是我的對手……」。而我比他厲害在哪裡呢？我比他厲害在我跟他一樣會分析，但是我是拿我現在的產品跟別人現在的產品相比較，而且我會再模擬對手未來會怎麼進步，所以我未來一定要進步得比對手更快一步，所以最後我在出版業成功了。

　　蔡老闆是怎麼被市場給逼退的呢？他就是拿他的未來發展跟別人的現在狀況做比較。他敗在分析了別人現在的缺點，認為自家未來的產品會超越對手現在的產品，沒想到別人也會進步，當他的未來產品出現的時候，別人未來的產品也同時出現了！那他的未來產品就會比別人的未來強嗎？那可未必！

　　為什麼你這麼努力還沒什麼變動呢？因為別人也在努力啊。我們在進步，競爭者也在進步。我們在學習，競爭者也在學習。比如，參加馬拉松比賽，你一直保持在第五名，到了衝刺階段，拼了命想搏一把，以為會衝進前三，你努力了，但最後的結果還

是停留在原來的位置，第五名。因為別人也奮力衝刺了。但這並不是說你的努力就沒有意義，因為倘若沒有跑起來，最大的可能是你將成為倒數。

　　所以如果想要領先，就必須是兩倍於別人的努力才能夠超前。紅皇后效應告訴我們：一切都是相對的！世界上優秀的人才都在拼命地充實自我，大家的水準都越來越高，但是相對位置似乎變動不大。千萬不能閉門造車，活在象牙塔裡。關鍵在於你知不知道別人進步到什麼地步了呢？你必須要比別人進步得更多，你才能超越他們啊！

⭐ 不斷奔跑只能停在原地而已

　　紅皇后說：「在這個國度，只有全速奔跑才能留在原地。」這句話就是「紅皇后」演化模型——關係密切的生物，例如獵物和捕食者間，只有不斷奔跑（演化），才能留在原地（生存）。以瞪羚和獵豹為例，獵豹追著要吃瞪羚，瞪羚不想被吃。最後，跑得慢的都被抓了，基因無法傳給後代，但也導致瞪羚越跑越快。同樣的，瞪羚速度變快後，如果獵豹沒跟上也會被淘汰。獵豹和瞪羚因為對方的演化而演化，叫做「共同進化／演化」。不論如何用盡心機，費盡氣力，狩獵者和被捕食者之間，危機沒有

少一些，優勢也沒有多一些，雙方保持著微妙的平衡，就好像雙方都停留在原點一般。

達爾文的理論認為，物種的進化，是為了適應環境。而「紅皇后假說」的意思，是物種不僅要適應環境，還要適應其他物種。也就是說，同樣的環境，一個物種能否最終勝出，關鍵看他能否比其他物種更優秀。因為獵豹遭受考驗的同時，瞪羚也在面臨著同樣的考驗，只有跑得最快的瞪羚才能生存。雖然瞪羚的速度也有很大進步，能甩掉獵豹的瞪羚也沒有增加，個中道理跟獵豹一樣。

就像是俗話說的「道高一尺，魔高一丈」，在警匪片或偵探片中我們就常看到：當有了指紋辨識出現，小偷們就學會了擦乾淨指紋或戴手套作案；有了臉孔辨識系統自然也會有反臉孔辨識化妝法。

紅皇后效應，讓我們明白競爭的勝利者不是看當前的適應力，而是看能否獲得超出其他物種的進化能力。當前的適應並不能保證未來的成功，想要獲得長遠的成功，就要具備超出其他物種的進化速度。我們身處在這個市場經濟時代，是一個高強度變化、演進的世界，是一個競爭越來越激烈的世界，在這個世界裡，如果你稍微一鬆懈，你就會被甩在後邊；在這個世界裡，如果你自己只是一般般努力，你就只能原地踏步；在這個世界裡，

只有你比別人更加努力，奔跑的速度別人更快，你才能向前邁進。只有那些足夠優秀的人才能獲得更加豐富的優質資源，才能讓自己生活的更美好。而越是優秀的人才越努力，越是優秀的人越刻苦。因為大家都在努力，所以，自己不努力就是後退，就是落後。

對於那些企業家們也是一樣。他們不停地創新，不停地改進，不停地完善，就是為了打造具有競爭力的產品。自2007年第一支問世智慧型手機iPhone以來，手機到現今已進化到能聽音樂、上網、照相，和過去的通訊設備相比，完全不可同日而語。而為求生存，各手機大廠也紛紛投入開發，每年推好幾支新機，以拍照來說，從可以照相搭載萊卡鏡頭，鏡頭2顆不嫌多，3顆剛剛好，螢幕也從3.5吋越變越大，十多年來，手機功能發展競爭還不夠飽和，有的還強調外觀、材質及酷炫的周邊商品，推陳出新就怕搶不到生機，正如紅皇后假說所說為求生存而不斷演化。

競爭從來不是靜態的，你在變，對手也在變，只有不斷跑，跑贏紅皇后，不斷進化，才能生存。

阿里巴巴的淘寶本可在中國電商稱王，不料被做3C家電起家的京東奮力追趕之下，又創造出「天貓商城」，旨在依托淘寶網優勢資源，整合上萬家品牌商、生產商，為商家提供電子商務

馬太效應

莫菲定理

紅皇后效應

整體解決方案，為消費者打造網購一站式的服務。雙方在你追我趕之間，中國電商越來越強大。無論是行業、企業沒有與時俱進、發展和創新的戰略就只能被遠遠甩在後面。

當今的社會，行業、企業、職業以及個人間都存在著有形或無形的競爭，相互影響，物競天擇，若不努力前行，只能被淘汰。競爭是推動企業成長的重要因素，企業如果想要保持長期良好的成長態勢，就必須積極地參與競爭，競爭會促使企業更好地演化和發展。像傳統銀行碰到純網銀、計程車業者碰到Uber、傳統旅館碰上Airbnb，每當新產品、新業態、新資金、新廠商、新物流、新支付方式等，新創的BM一旦加入市場，戰國時代就開打了，優勝劣敗、你死我活的生存競爭，由不得你不參加。

想贏，要比對手早兩步

馬太效應

莫菲定理

紅皇后效應

　　如《躍遷》書中所說：「這是一個與過去十年玩法完全不同的時代——如果我們還頂著從非洲大草原進化來的大腦，裝著工業化時代的思維，操持著過去在學校裡學到的技能，也許還能蹦躂幾年，但長遠來看註定要被淘汰。」

　　你知道台積電為何這麼強，你知道台積電是怎麼建立企業發展藍圖的呢？大部分的企業都是別人怎麼做，我就怎麼做；過去怎麼做，未來就這麼做。其中的假設是別人和我是一樣的，未來跟過去也是一樣的。

　　而台積電的做法就是前文我所說的拿自己的未來發展跟別人的未來相比，面向未來，站在後天看明天。要從後天看明天。由今天看明天，所有企業看到明天都是一樣的，勢必迎來更殘酷的競爭。企業不要從今天看明天，要從後天看明天。但是後天的商機無法完美規劃，需要持續修正。如同新冠肺炎的病毒總是不斷

變種，身體的免疫系統就需要持續修正，才是面對多變環境的對策。所以，想要贏過對手，必須在對手行動之前，能預先猜測到對手的下兩步，然後採取適當的攻擊。

企業競爭是動態的，為了避免被競爭對手取代或被過往的成就限制，就必須採取一連串的領先行動以因應市場競爭的快速變化，而所有的競爭行為皆會激起對手的反應，即使對手選擇不回應也是一種反應方式。所以要緊盯著主要對手，分析對方的實力及策略，並祭出應對策略。要站在未來觀點辨識競爭對手、預測競爭對手的行動與回應，以降低企業面對快速變動環境的風險。懂得由後天看明天的時候，就能夠脫離殘酷的明天，有機會到達美好的後天。

面對商業世界中的動態競爭，企業也要持續致力於創新，只要是先進國家大企業有的，各種新技術、新系統、新營運模式都要去嘗試。我們必須不斷加速學習，必須全力「奔跑」與周邊環境的速度一致，才能不至於落後，但前進的同時，市場淘汰機制也跟著加速，於是競爭不斷加遽。

為了更優秀，我們必須跑得又快又狠，我們需要與我們互動的系統共同進化，並且比系統進化的更快。有時候，當我們以為自己足夠努力了，實際上比我們更努力的人一抓一大把。我們為什麼苦苦掙扎，還是改變不了現狀，因為努力的程度還不夠，

因為我們不是為了保住自己的位置，我們有時更想轉換不同的軌道，那樣的難度不是些許的付出就可以實現，一倍的努力根本就不夠，至少要快兩倍的速度。所以，有時候我們付出了一倍的努力，雙倍的努力，可能還是遠遠不夠！

如果你想要改變，就要從現在開始努力，像運動場上的隊員一樣，不僅要奔跑，還要跑得夠快，奔跑得不夠快就無法前進，因為比你優秀的人或許比你更努力，在全球化的同時，世界上的優秀人才為了勝出，無不拚命地在充實自我，大家的水準越來越高，他們已經很優秀卻依然奔跑在更優秀的路上，這無疑更激勵著我們前行。所以，請跑起來吧，這樣你才能停留在原地，不被淘汰；加倍努力起來吧，這樣才能一步步向前，脫穎而出。

馬太效應

莫菲定理

紅皇后效應

How & Do

超越你前面的那個人

★　★　★

當今世界，瞬息萬變，永遠在不斷地向前發展，要想緊跟時代的步伐，我們唯有不停地奔跑。要想不被淘汰，唯有不斷提高自身的競爭力，才能在競爭中站穩腳跟。

紅皇后效應的存在，告誡那些奮鬥中有所追求的人們，要想變得足夠優秀而不被淘汰，我們一刻也不能停步，如果你做得和昨天一樣好，其實就是退步；你和大家同樣努力，也只不過是保持不被淘汰；想要贏過別人，唯有比別人快兩倍、三倍或更多倍！

小時候每當我對功課不上心時，媽媽總對我說，當別人在進步的時候我沒跟著進步的話，實際上就代表我退步了。當時的我還領悟不出這是什麼意思，總覺得為什麼要去和人比較，認為沒有這個必要！長大之後，我才知道原來媽媽是擔心如果在別人努

力用功的同時，我沒有跟上的話，擔心我會因此而被升學體制淘汰，最終是我被這個社會選擇，而不是我選擇我想要的，只有跑得更快，我才能掌握我的選擇。

在人類社會裡，優勝劣汰也是生存法則之一，永遠有人比你優秀，可以奪走你的資源。不進即是倒退，停滯等於滅亡，這句話並不是危言聳聽。這就像自然界優勝汰劣法則一樣。在很久以前，一名牧羊人在北方寒冷的地方放牧一群羊。起初，溫度比較適宜羊的生存，羊群們日子過得比較舒適，慢慢地便養成了不愛動的習慣。冬天來了，氣溫驟降，寒冷的氣候使羊群們無法適應，很多羊就這樣被凍死了。牧羊人非常難過，為了讓羊能更好地生存下去，他絞盡了腦汁，最後終於想出了一個看似可怕的方法：在羊生活的地方放了幾隻狼。羊感受到了生存的危機，就會不斷奔跑來防止狼的襲擊，而這樣的奔跑也有效地阻止了寒冷的侵蝕。羊群死亡的數目反而比以前少很多。

現代科技發展迅速，我們必須不斷地學習，才能維持現況，不被新知拋在腦後。只要我們稍一遲緩，就會跌倒，被時代淘汰。這個變遷快速的時代，每個人都像站在跑步機上，不得不努力奔跑，否則就會被捲入而倒下。

⭐ 從現在開始改變，投資自己

沒有人想做弱者，你變強的方法就是要學習各種知識。同齡人在發憤圖強的時候，你選擇了安逸度日，那就不要羨慕別人比你強大，比你優秀。醒一醒吧，那些每天依然遊手好閒的人們，對人生迷茫的人們，正因為不努力，處於痛苦的惡性循環之中，因無心學習，成績下滑，成績越下滑就越無心學習……如果想改變現狀，你需要加倍的奔跑。

如果想活下去甚至活得更好，就更要想辦法找到自己的位置（niche），並且不斷的奔跑，才不會被社會的洪流所淹沒。如果成為不了最優秀的人，那就活出自己最優秀的樣子，不要讓自己在未來後悔。這種生存狀態讓人在失去安全感的同時不斷充實自我、提升自我、投資自我。不管是為了成就更優秀的自己還是為了不落後於他人、竭力地留在原地，競爭的同時也是推動自我成長的重要因素，有競爭才有進步，所以要積極地參與到競爭中去。因此不管是來自於外界的驅動力還是自我的約束力，不管自己資本是多還是少，為了勝出，只有通過投資自己才能不斷增加自身價值。

沒有人可以在虛度年華之中坐享其成。不如試著從這一刻開始，做一點積極的轉變，哪怕是一點點，比如試著忍住心中對

學習的厭煩，放下手機、放下遊戲，拿出書本背十個英語單字或是解三題數學、看一堂線上課，每天花個半小時，今天的你比昨天的你更進步了一點。為了超越前一天的你，之後的每一天也依然要堅持記一些知識點，總比什麼都不做來得好。記下來：$(1.01^{365}) = 37.7834$；$(0.99^{365}) = 0.0255$，看到沒有？這就是每天進步 0.1 和每天退步 0.1，一年後的差距，失之毫釐，差之千里啊！

股神巴菲特說過：「最好的投資就是投資你自己。」投資自己是穩賺不賠的投資，因為得到的東西別人拿不走，就算發生黑天鵝事件、賺錢的事業不再賺錢、國家經濟衰退……等等難以預測的變化，投資在自己身上的能力會繼續跟著我們，持續為我們創造財富、快樂和幸福。因此投資自己，讓自己成為能提供自身價值的人，才是我們現在該努力的！

投資自己就是把「金錢、時間、精力」三者合理且恰當地分配。只要「能讓自己變好」，就是投資自己。以下分別從知識的投資、經歷的投資、健康的投資來說明。

① 投資大腦

投資大腦，即所謂的知識投資。如果說人類是一部機器，那腦袋就是最核心的作業系統，提升了作業系統，整部機器才有可

馬太效應

莫菲定理

紅皇后效應

能跟著提升。所以投資自己應該最優先投資腦袋，改變了腦袋當中的思維，整個人生也會跟著改變。

這是一個知識快速更新的世界。很多人從學校畢業後就不再學習新事物，過著日複一日的生活，而沒有主動去涉略新事物，甚至帶著舊有的價值觀去看待這個光速運作的世界，這樣是很可惜的，其實你可以學習財務知識、稅務知識、旅遊知識、健康知識，當你願意投資在知識上，你會發現「每天進步一點點，隨著時間的複利，你已經向前邁進一大步；反之，當你覺得你退步一點點的時候，其實已經退了很大一步。」

在現今網路時代，知識的獲取管道有很多，只要你肯學，都可以找到相關的途徑來充電。想出國留學，可以投資自己學習外語；對投資有興趣，可以去上投資理財的課程；對潛水有興趣，就去報名潛水證照班。比如一些線上課程、直播和視頻等，透過這些讓自己的碎片化時間更加有價值，也讓自己的知識儲備更加充分。

投資腦袋最簡單也最便宜的方式就是閱讀，建議可以從培養閱讀習慣開始。一本書不用500元，甚至可以購買二手書、向圖書館借閱，透過閱讀一本書，短短幾天的時間，我們就可以吸收到作者畢生所得到的知識精華，把它輸入腦袋成為自己的。至於要從何開始閱讀，可以從這兩個方向著手：閱讀想提升的領域或

閱讀感興趣的領域。

　　你可以針對自己現在最想提升的問題去閱讀，帶著這個問題意識去找書，你會更有目的性，也可以更有效率的閱讀。問問自己，自己現在最缺乏的能力是什麼？從這個痛點下手去找書來讀，可以得到較顯著的收穫。

　　如果你想賺更多錢，可以去讀投資理財類的書籍；想提升自己人際交往的能力，就去閱讀溝通、經營人脈的相關書籍；想提升某項專業技能，就去找這個領域的工具書或觀念書籍來學習。

　　有些人認為既然要讀書就要讀有用的書，但我認為應該先試著習慣閱讀，從中摸索出自己的興趣，並開始享受閱讀文字、輸入知識的感覺，可以不用太侷限閱讀的書籍種類。一開始最好從自己感興趣的領域去找書來讀，漸漸培養出閱讀習慣後，就會自然而然能越讀越多。

② 投資技能與經驗

　　人們投資著自己的專業技能，不管是通過參加培訓還是留學進修等等。首先，你應該先設法提升自己的專業能力，因為這可以最直接幫助到你的職涯。在你的專業領域中一定會有很多可以進修的課程，如果我是設計師，平常就會花時間去上設計相關的軟體課程、行銷課程，讓自己的專業能力更強之外，也掌握領域

馬太效應

莫菲定理

紅皇后效應

內最新的知識和資訊。

另外像是軟實力如溝通能力、簡報能力、表達能力、領導能力等等，雖然不會快速直接地反映在專業技能的提升上，卻影響著我們長遠的工作表現，甚至決定了我們能在職場上取得的成就。因為懂得溝通協作、領導他人、具備高情商等等特點，是比單單具備硬實力還要來的有價值的，所以除了專業技能外，我們也可以上課提升自己的軟實力，學會如何展現自己的獨特性，讓客戶更了解自己所能提供的價值，也提升了自己說話的技巧，更知道如何與客戶溝通。

如果投資了自己的專業能力和軟實力後還有餘力，可以花一些錢去學習其他生活技能，或培養自己的第二專長，雖然目前跟職場能力無關，但可以提升自己的生活，並增加更多方面不同的技能。可能是畫畫，可能是身心靈，讓自己變成有趣的人，擴展舒適圈，吸引更多能互相幫助的人豐富你的生活體驗。總之，多讀些「有用」或「有趣」的書吧！

只要是能讓你的生命有不同的體驗就是「經驗」，第一次在幾百人面前演講是經驗、騎腳踏車環島、泳渡日月潭、登玉山是經驗、出一本書是經驗、投資失敗也是經驗，你應該珍惜種種能創造經驗的機會或是擁抱得來不易的經驗，這些經驗將會成為你的養分。

③ 投資健康

　　努力固然是決定成功與否的關鍵之一，但健康更是不容忽視的要素，尤其中年時期通常是我們事業的高峰，到這時才發現身體健康配不上想努力的野心，就已經太遲了，別在失去體力和精神的時候才開始後悔沒有投資自己的健康。

　　擁有健康的身體，讓你更有精力去做更多的事。而投資健康的目的之一就是預防突然發生無法控制的病痛，對自己負責也是對家人負責。包括吃對的食物及增加運動量，每年定期健檢。平常多花點心思選擇健康的食物、必要時購買健康食品、時時刻刻注意身體的保養。

　　要保持身體體能上的健康，維持運動習慣是效果最顯著的方式，但卻可能要花一些時間，很多人工作一忙起來就把運動習慣給捨棄了。想維持運動習慣的話，最好把運動當作一項重要的行程排入行事曆中，或者上教練課強迫自己在固定的時間運動，雖然運動所佔去的時間可以做很多其他事情，但維持運動習慣可以讓你的人生走得更長更遠。

　　雖然投資健康不只花費金錢，還要花費時間，又不能立即得到效果和好處，但保持身心靈的健康，卻能使我們以更有效率、更輕鬆的方式達到理想的人生目標。

　　知識的投資、經歷的投資、健康的投資等等這些自我提升的

方式終究是為了什麼？緊迫感和進取心又是為了什麼？就是為了讓我們在必要的時刻更有本錢去奮力一搏，能夠在人群中勝出，成就更優秀的自己，積極參與到社會競合中，充分施展自己的聰明才智，去超越那個走在你前面的人，創造出屬於自己的天地。

「唯一不變的是變化本身，這句話是生物世界的生存智慧，也是人類社會的生存智慧。」想想我們父母那個年代，只需要學會一個技能，就可以吃一輩子，生活在舒適之中。誰都想待在舒適圈，因為舒適區能帶給我們安全感及實在的掌控感。

科學技術突飛猛進，人工智慧和元宇宙、區塊鏈正在悄然改變著人們的工作和生活方式，好多職位、工作，正在被人工智慧所取代。因此，想要跟上時代的步伐，就必須通過自學來更新自我的知識與能力。

這是個十倍速成長的時代，不管是投資自己還是努力經營自己，只要方向確定了，堅持到最後，並不斷的充實和改進自己，朝著自己設定的目標前進，最後雖然不一定是成功或者你與他人的差距還是處於一個持平的狀態。但是在這過程中你成就了更加優秀的自己！有了積極向學的心態和不斷更新的知識儲備，那些累積在你腦子裡的知識、經驗和技能，都是你可以依仗的財富，是你被社會需要的資本，無論時代怎麼變化，我們依然可以自信地擁抱未來。

第一名哲學：
追求「相對強」

★ ★ ★

　　田忌賽馬是很多人耳熟能詳的歷史典故，主要講的是戰國名將田忌和齊威王賽馬的故事。孫臏了解到田忌的上中下三等馬的整體水平是不如齊威王所擁有的良馬，前面多次比試也已經無情地證明了這一點，於是孫臏就告訴田忌，他有必贏的辦法。這妙計是怎樣的呢？孫臏告訴田忌：「三匹馬有上中下之別，以您的下駟對王的上駟，以您的上駟對王的中駟，以您的中駟對王的下駟，你雖有一敗，但必有二勝」。田忌果然一敗兩勝，得到千金的賭注。

　　孫臏就是利用馬的比較優勢，改變原來的比賽方式，用田忌的上等馬對齊威王的中等馬，用田忌的中等馬對齊威王的下等馬，最後再用田忌的下等馬對齊威王的上等馬，這樣雖然輸了一局，但是因為比賽是三局兩勝，田忌最終贏得了比賽。這說明事

物的優劣是相對的，在相差不太大的情況下，只要集中運用自己的優勢對對方的劣勢，那麼即使在總體不如對方的情況下，也有可能取得勝利。

在任何較量技巧的競賽中，誰輸誰贏，不是取決於技巧的絕對值，而是技巧的相對值。譬如你100公尺可以跑11秒，去比奧運，你完全沒有勝算。但同樣的成績，你可以在國高中運動會中稱霸。有時候你會不會贏，不在於你有多厲害，而在於你跟對手比起來有多厲害。

紅皇后效應講的就是相對，如果你發覺自己怎麼處處比不上人家，你可以綜合評估一下，在相對上，自己有沒有哪一部分或領域輸別人比較少的呢？你就可以朝那個方去努力和加強。

⭐ 比較利益法則

經濟學中有一個非常有用又有趣的理論，叫做比較利益法則（Comparative Advantage）。是指相對的生產能力而言，其中含有機會成本的概念在內。

絕對利益（Absolute advantage）是指一個國家在所有商品的生產能力上都比另外一個國家要強，稱為絕對利益。

比較利益法則常用在國際分工與貿易。例如，早年台灣的紡

織技術並不比歐美高超，但歐美在其他領域可又比台灣強多了！所以相對上台灣可以大量出口紡織品到這些先進國家，就是發揮比較利益原則的結果。若每個國家都發展其比較利益的產業，進行國際分工，以自由貿易互通有無，則全世界的生產力就可盡情發揮！

舉例，有兩個國家，A國土地平坦廣大，土壤也肥沃，一切的優勢都在A這個國家；那另一個國家B國土壤貧瘠，大部分是丘陵地，那B國是不是就沒得混了呢？錯，在比較利益原則下，各有各的優勢，A國種稻米的效率是B的10倍；種大豆的效率是B他的8倍；種番薯地瓜的效率是B的6倍，種雜糧的效率是B國的5倍，請問這兩國要種什麼比較有利呢？答案就是A國種稻米；B國種雜糧。

B國種雜糧的效率只有A的1/5，為什麼還要種，那是因為A國雖然種雜糧是B國的5倍，A國根本就不會想種雜糧，它會種稻米！因為它種稻米的效率是B的10倍啊，這樣大家都有農作物可種，也不怕別人會來跟你搶，因為大家的土地與時間的資源都有限，懂嗎？

大家的土地資源都一定有限，所以一定會去做比較利益最高的事情，所以大家都有值得做的事，你不用擔心地說我處處比不上他。這就是紅皇后效應所講的相對，你雖然處處比不上人

馬太效應

莫菲定理

紅皇后效應

家，但是相對上，你有沒有哪一個輸別人比較少的呢？

有的話，那你就去做那個。

絕對利益就是在生產的商品上都有優勢，例如甲不管是生產水餃還是包子，都比乙多。而國際貿易發生的原因是由於比較利益的原則，而不是絕對利益的大小。在自由貿易下，兩國會分別出口對自己比較有利益之財貨。

比較利益的「比較」即「相對」之意；就是說它不是「絕對」的觀念。從個人生涯規劃、企業經營者雇用員工、國際分工，以至眾所周知的WTO（國際貿易組織）入會問題等，都和這個觀念有關。舉例說，假設有兩個人，志明和小李。志明力氣大如牛又很會做菜，小李力小又笨拙。也就是說，志明在種田和燒飯兩件事上都具有「絕對」的優勢。那麼，這兩人如果搭夥過日子，是不是因為志明十分能幹，就要包攬所有的事，當然不是，他們倆人可以透過分工合作來增進共同的生活品質。

為什麼？如果志明樣樣在行，但種田的能力是小李的十倍，燒飯只有小李的兩倍能力；那麼相對上，他把時間花在種田比較有利（因為把時間花在燒飯上，將損失很多種田的收穫）；小李則把時間花在燒飯比較有利（因為他跑去種田得到的收成更小）。兩人如此分工，再分享成果，比兩人都各自種田又做三餐更好，這就是「比較利益原則」。

其實，比較利益是一個自然法則。這個社會上即使有人十八般武藝樣樣精通，也無法包攬所有事情。那麼，每個人只要找到自己「相對」上具有優勢的工作，透過分工合作，雙方就都能受益。

像是數學不好的人，可能語文天分高；電腦不好的人，可能歌聲曼妙；……甚至什麼都比不上別人的人，也會有幾樣比較不差的。人人只要發揮「比較利益」，一定可以在社會上找到立足之地，並真正有所貢獻。同樣的，一個善於經營的老闆，必然知道每個員工擁有的相對利基；依此加以妥善調配、各司所長，就可拱手而治了。

⭐ 追求相對優勢

不管是個人求學問、財富還是創業經營公司，你都要保持一個相對優勢，你要追求的是與別人比較起來是相對優秀，而不是絕對優秀。

從小我們被灌輸更多的卻是絕對優秀的概念。每天努力用功做題，目標是超過同班同學、同校同學。但是大學錄取標準，卻是按百分比來設立錄取標準的，就是錄取那些例如分數排前10%的同學。你不用考第一，你只要分數能贏過那10%的同學能錄

馬太效應

莫菲定理

紅皇后效應

261

取。也就是說你不用贏過所有人，你只要贏過某部分的人，就像考研究所，學校只要錄取 10 名，所以你的分數只要相對強過其他人，成績在前 10 名，你就錄取了。

什麼是相對優勢？例如擁有超乎常人的運動神經，能夠獲選為足球代表隊的選手；若擁有出色的繪畫天賦，能夠畫出獨一無二的畫作，就可以成為畫家。只要能夠找到自己的優勢，每個人都能成為專家。

一般來說，飯店門童的工作要站在旅館入口迎接客人，負責為他們打開車門，再引導他們進入大廳。「不過是幫別人開門，這種事誰都辦得到吧？」也許各位會這麼想。但真的是這樣嗎？如果不只是幫客人開門，還要成為一位記住所有顧客臉孔的接待員，你有辦法嗎？也許他原本就善於記憶別人的名字跟臉孔，不過他私底下一定很努力。所以他就是接待的專家，不是嗎？

比起聰明或是手巧的人，笨拙、學習較慢的人，會專注於一項技術上，以身體而非頭腦去記憶，確實打下基礎，因而能將技術打磨得很純熟。這就是經濟學上稱的「相對優勢」。另外一種「絕對優勢」，則是指在所有層面都具有壓倒性優勢的意思。擁有這種資質的人就是天才，可是在這個世界上，並不是每一樣工作都需要如此特別的人才。

相對優勢，是跟和你差不多的人比相對擅長的東西。比如你

從事過的行業、學習過的專業技能，比起新手零經驗的人來說，就是你很擅長的、有價值的東西。可以是工作上的，比如你在職場人際交往方面比較擅長怎麼和同事相處，那就分享如何和同事處好關係，遇到矛盾怎麼處理。

所以，只要找到自己哪一方面比別人厲害，而且很難被替代，就是自己的「相對優勢」，就是你要積極去發展、發揮的領域。每個人都擁有才能，總會有一些和其他人不同的地方，你探尋的重點就要放在那裡。

當然很多人會說，不對啊，我沒有比別人不認真、努力。工作上非常努力，休息日不休息、加班日常化，看起來確實是努力了，但我還是論錢沒錢，論才幹沒才幹。但是與別人比較，你是真努力了嗎？努力是講方法的。你的努力是否為你累積經驗了？是否讓你逐漸成為專家了？如果不是，那就請你每天反省一下，記錄自己的進步，日子久了你肯定就會比別人更有經驗了。

How & Do

跑贏「過去」的自己

★ ★ ★

人生像一場長跑，唯一的對手是自己。人們考大學、讀博士，無不在不停地提升自己的能力，以期獲得更加卓越的自己。

馬雲說：「今天很殘酷，明天更殘酷，後天很美好，但是大多數的人，卻過不了明天的晚上。」明天為什麼會更殘酷？因為大多數的人所看到的明天，幾乎都一樣，都在做類似的事，因此大家所看到的明天，很快地就會成為更殘酷的今天，只有洞察到後天的前景，採取行動超前部署的人，才有機會從明天脫穎而出，看到後天。

如果你自己的速度與周圍環境變化速度一致，那麼就只能在原地踏步，無論如何都無法向前邁進。那麼如何才能讓自己「跑」得快？「跑」在前面呢？

- 首先要選擇正確的方向——做什麼職業？自己的核心優勢是什麼？

- 然後是提高「奔跑」的技巧——怎樣去提升本行業專業知識？向誰學習？

- 最後是實踐，認真跑起來吧！

當「大數據」結合 AI，已經可以讓企業在食衣住行育樂等各層面都做很精準的行銷，且越來越多的人力已經可以被自動化機械所取代時，我們要去思考和探索記憶中的「我」、現在的「我」以及未來想成為的「我」，想想過去的我，學習「前事不忘，後事之師」；思考當下的我，可以明白「自己想做什麼？目前還缺乏什麼？」可以把想法化為行動。

📍 自己和自己對打

世界上最厲害的人，最厲害的企業都是想辦法自己打自己。

中國有一位傳奇性的人物叫聶衛平。其以一夫當關、萬夫莫敵的霸氣，在中日圍棋擂台賽中，創下連勝十一場的傲人記錄，帶領中國連三屆拿下冠軍，聶衛平也因此成為家喻戶曉的「民族英雄」，同時全國上下掀起「圍棋熱」。

圍棋界有句話，中國是圍棋生母，日本是圍棋養母。日本在很長時間內都是圍棋王國，日本的圍棋水準曾經比中國這個圍棋

馬太效應

莫菲定理

紅皇后效應

265

故鄉不知道高到哪裡去了。中國圍棋水平趕超日本是在聶衛平手上完成的。

中日圍棋擂臺賽，創辦於1984年，結束於1996年，共舉辦十一屆。是中國和日本之間的圍棋賽事。由中國圍棋隊與日本圍棋隊各派若干名棋手，以擂臺制形式舉行的圍棋團體賽。

1985年首屆正式中日圍棋擂臺賽，中國派出了當時最強的八位棋手，以聶衛平為主將，馬曉春、曹大元、劉小光、錢宇平等名將全部在列。日本也派出了豪華陣容，一代傳奇、名譽棋聖藤澤秀行九段出任主將，加藤正夫、小林光一兩大超一流棋手為輔翼，還有片岡聰、石田章、淡路修三、小林覺等一流棋手，實力明顯在中國隊之上——其中加藤正夫是王座，小林光一是十段，片岡聰是天元，均為在位的七大頭銜王之一。

首屆圍棋擂臺賽中，日本超一流棋手小林光一連克中方六將，中方曾以5比7落後於日本隊，聶衛平作為主將出戰，應戰小林光一九段，又於8月27日和29日在日本連續戰勝超一流的九段棋手、十段戰冠軍小林光一和王座戰冠軍加藤正夫，把比分追到7比7平，11月在北京又擊敗日本擂主、曾六次奪得「棋聖」戰冠軍、有「名譽棋聖」稱號的藤澤秀行，為中國贏得了擂臺賽的勝利，實現了中國棋手首次戰勝日本「超一流」棋手的重大突破。

　　中國隊也由此取得了中日圍棋擂臺賽開始舉辦後，1985年至1988年，第一屆到第三屆頭三屆的三連勝。這是聶衛平九段在職業生涯中的最高成就，他也因此在1988年被授予「棋聖」稱號，是當代中國唯一的棋聖。

　　富有傳奇色彩的是，日本職業棋手都是從小進入棋院，受過長時間嚴格、刻苦的專業訓練出來的，而聶衛平學棋的過程，充滿戲劇性，與日本棋士正好成對比，他是在極端混亂的環境中，主要靠自己磨練出來的。1969年，十七歲的聶衛平被下放到冰天雪地的北大荒，那裡的幹部不准他下圍棋，沒收了他的棋具。在那樣的困境中，聶衛平卻讓自己的棋力大大突破。

　　被下放到北大荒的山河農場時，因為沒人和他下棋，就自己跟自己下棋，左腦擇黑，右腦擇白，左右互博，因為自己知道對方的想法，因為他就是我，我就是他，就這樣自己跟自己對奕，每一步都想得很清楚自己下一步要怎麼走，聶衛平的棋藝就是這樣練成的。結束知青生涯回到北京後，聶衛平的圍棋之路重新啟航並迅速攀上頂峰。後來與日本高手對抗，若一對一，只想自己該怎麼下，原無必勝之道，但他既養成了左右互博的本領，一路想下去，就成了兩個聶衛平互相商量著來下，像金庸筆下的周伯通，那對手就吃不消了。擊敗了日本所有的知名棋士，一炮而紅，成為中國的民族英雄，所以自己和自己對打最厲害！就如商

馬太效應

莫菲定理

紅皇后效應

界中柯達發明了數位相機後，應該馬上大規模推出，搶佔自己的市場，把自己的底片市場擊敗，它才能成為數位相機的領先者，然後屹立在世界上不倒，但因為它怕影響本來已享有的市場業務與紅利，而不敢立即推出數位相機，結果就被別人超越了。

美國有一個戰車很厲害叫 M1 戰車，當初在研發 M1 戰車時就是分兩組作業，一組是研發組；一組是攻破組。就是你這戰車的鋼板要怎麼放，我就想辦法用我的武器要把你穿破，就是要想辦法打掉你，然後你再想辦法防禦我，我再想辦法去突破你的防禦，所有的戰爭、商戰都是如此，就是要想辦法如何自己打自己，這樣才能讓自己立於不敗之地。

⭐ 拼命三郎攜程

攜程集團，簡稱攜程或攜程旅行網，是一家總部設立在上海的中國大型旅遊網站。在其進軍全球化的同時，處於中國市場第一的攜程也很拼命。不斷地進化，就是為了遠遠把市場第二，第三甩在後頭。

當前的攜程，抱著開放的心態，以真正行業老大之姿，積極構建完整的旅遊生態圈。一位與攜程合作多年的業內人士表示：其它 OTA（Online Travel Agent，網路旅行社）追趕的

今天，只是攜程的前天。在其它OTA還在以攜程為樣本模仿時，攜程已在全球化走出很遠。從1.8億美元投資印度旅遊企業MakeMyTrip，到以14億英鎊收購天巡，再到投資縱橫、海鷗、收購途風，一步步走向攜程國際化。

2018年以來，攜程集團在愛丁堡建海外呼叫中心，繼而進軍日本市場，推出「Trip.com」招攬全球遊客。更積極佈局超音速飛機，將舊金山到中國航程縮短6小時，讓其它OTA望塵莫及。

ITB CHINA峰會上，有人問攜程創始人兼董事長梁建章：為什麼投資超音速飛機？梁建章回答：越艱難，風險越大，越有價值去做。

競爭促使企業成長。以紅皇后理論解釋，競爭會使組織更好地演化和發展。攜程要更快成長，就必須積極參與競爭。

相比美國旅遊在線率60%，中國旅遊在線率不到17%，未來10年仍是黃金發展期。攜程作為酒店行業翹楚，打造正向、積極的旅遊生態系統，積極推廣中國年輕人出國旅遊，也讓外國遊客走進中國。

攜程在技術端的投入，超越全球最強OTA。攜程集團「Easy住」將超級智能音箱引入酒店。它可以陪住客聊天、開關燈，還能給孩子講童話故事、給老人放京劇。攜程所打造的旅遊

馬太效應

莫菲定理

紅皇后效應

業生態系統，麾下不乏技術獨角獸。「去哪兒網」近日宣佈，早在谷歌「造人」之前，「去哪兒網」機票服務 AI 已覆蓋八成。

這些差異化優勢，都是時下年輕人選擇攜程集團的主因。而原本不具備旅遊基因的阿里巴巴、美團，以外行的身份參與攪局，也促進了行業老大進步加快。

過去五年當中，憑藉「資本＋市場」的組合拳，攜程併購藝龍、去哪兒，終將自己從價格戰大幅虧損的泥潭中脫身，實現蛻變。

梁建章提出，攜程並非純粹的網路公司，只是大量運用網路的旅遊公司。攜程形成的「鯰魚效應」迅速傳導至旅遊行業的各個領域，它現在面對的是更複雜的線下市場和實力更雄厚的掌握傳統資源的旅遊巨頭。

梁建章指出：「從大的歷史趨勢來看，企業的專業化程度越來越高。這是因為隨著經濟發展，市場規模會變大，社會分工越來越細，每個公司的產品和服務也會更加專業化。同樣的邏輯，越是市場大，人口多的國家，產業的分工就會更細。一個小國（如日本）最大的電商公司，可能又做旅遊，還做金融。但像美國這樣的大市場，分工很細。電商只做電商，旅遊只做旅遊，外賣只做外賣。中國未來的市場規模超過美國，分工可能比美國更細。」

國際知名的大企業，如蘋果、谷歌、微軟，無一不是做透了一個行業，繼而獲得成功。梁建章強調公司業務要專業化：電商只做電商，旅遊只做旅遊，外賣只做外賣。他認為專業化有利於創新，創新需要專注和企業家精神。再次，還有一個因素是全球化。全球化程度高，分工更細，公司的專業化程度就更高，整體產業的效率也會更高。所以攜程集團就是在本業上精益求精，並不斷地從本業延伸核心競爭力，厚植技術實力、加強人力及智慧資本的累積；不斷地創新，於企業內部建構創新的機制，以創新的思維及實際的創新行動，持續創造出嶄新的營運及獲利模式；縝密進行下一波市場佈局，力求速度與品質的持續升級，讓附加價值不斷衍生，並從價值鏈中發現、創造出更多的價值。

社會發展勢頭如此之快，就連已是市場第一的企業，也要想盡辦法，自我創新，好還要更好，才能確保不被後來者追上。這也就意味著，無論是個人還是企業，只有具有憂患意識，不斷居安思危，不斷提升自己，才能不被這個發展迅猛的時代遠遠拋下。

How & Do

8

如何確保立於不敗之地

★ ★ ★

　　在農業時代，你只要懂得一門手藝活，就可以靠這門手藝掙錢一輩子；在工業時代，你靠著純熟的技術，這個專業就能讓你生存20～30年；到了如今這個時代，你會發現很多行業都受科技的牽動，你如果到山上去住個兩年，再回到職場，你可能會發現很多東西都不一樣了。

　　二十年前，你或許是所處圈子裡的老大，你可以憑藉體力換取收益，只要敢闖敢拼，吃苦耐勞，你就可以獲得一定的經濟地位。然而，二十多年過去了，如果你還是停留在依靠體力謀生的層面，那麼你將會被無情淘汰。

　　行業知識日新月異地更新，各種創新科技層出不窮，即使再優秀的人，再優秀的企業，也無法靠吃老本過一輩子。在當今的時代，無論我們從事哪一行業，身處哪一職位，都要有「活到老、學到老」的精神，不能停止自我變革的腳步，要不斷更新自

己的知識與技能，才能適應各項需求和變化。

對於未來，沒有100％的安全，因為未來一定有不確定性。市場是活的，充滿不確定性。你看不出哪裡會成功，哪裡會失敗，就連專家也問不出來，只有市場知道。20年前，沒有誰能預期到現在的智慧型手機及AI會有如此蓬勃的發展。

科技的進步帶來商業模式以及消費者消費模式的改變，進而影響了整個產業。像是APP的出現大大地改變許多產業的運營模式，例如Uber的出現大大衝擊了傳統計程車業的生計，購物APP的興盛使得消費者只要一支手機就可以購買到自己想要的產品，而傳統產業為了因應這些改變，也紛紛推出了網路商店，甚至是專屬的APP來符合這個市場，也就是學習新的商業模式，由此可知，學習力才是獲得競爭優勢的根源。

★ 學習、跨界、創新

只要不斷創新就會不斷地有新東西，那麼如何創新，答案是學習和跨界，如果你的眼睛和目光永遠只聚焦在你熟悉的領域裡，就不容易創新，但如果你能將你現有的知識跨到另外一個領域，你很容易就能創新。這就是為什麼我領導的魔法講盟能在短短三年內就發展成台灣最大的培訓機構，因為我有兩大基礎，一

馬太效應

莫菲定理

紅皇后效應

個是出版事業，也就是知識服務，另外一個是我早期是開補習班的，所以我將這兩個領域結合起來，發展出新的商業模式，以書導課，以課導客！

最重要的是將你從別的領域學的知識，應用到不同領域裡，你就很容易創新，所以怎麼會有邊界呢？例如，Uber理解到了新科技並且吸收了利用共用平臺以及Google地圖的技術推出叫車APP大大衝擊了傳統計程車市場。

單打獨鬥時代已經過去了，現在要學會抱團借力，兼顧本業與異業的發展，敢於跳開舒適圈，尋求策略聯盟，不論是同業整併或跨業競合，集合眾人力量擴大規模，就有機會積極改變競爭賽局。像是對特定產業陌生的企業透過併購，垂直整合、水平擴充，取得新科技，跨足新領域，進軍新市場……就能馬上擁有該領域的多年根基，達成調整體質的目的，甚至脫胎換骨。

科技進步速度太快，既有技術的汰換速度也因此加快了許多，更可怕的是有些劃時代的新技術橫空出世，短時間直接替代了既有市場的商品。這一切我們都無法提早預知，我們唯有時刻保持極強的危機意識，及學習的能力，才能立即填補自己的不足，持續不斷地完善自己，就能隨時應對各種撲面而來的風險。我們只能逼自己不停的進步，把市場當最好的老師，持續滿足市場。當每個廠商都更努力把相同的事情做到極致時，紅海於焉形

成。這時如果找到並設法去滿足某些特殊、但未被同業滿足的消費者需求，例如自費租車市場，就是一條新的出路。就像iPhone不再只是打電話的手機，而是全新思考的行動電腦。星巴克執行長霍華‧舒茲賣的不是咖啡，而是工作場所與家庭之間的「第三空間」……。

持續掌握消費者需求，抓準客戶的痛點去修正企業的產品策略、營運方向！將顧客的意見納入策略的制定之中，例如設立購買後的回饋問卷，此舉可以讓消費者感覺企業重視客戶，亦可收集顧客對於產品的使用回饋，進而改善產品。關鍵在於認清自身的深層問題和阻礙發展的癥結，打破常規思維，勇敢創新，真正站在顧客的角度想問題，重新設計產品理念，更快速掌握市場變化的機會，並藉此以勝過對手，掌握競爭優勢。

此外，借力也能助你快速贏佔市場，如透過併購來調整企業體質、脫胎換骨，像是電子零件通路龍頭大聯大即是由國內第一大電子通路商世平興業與第三大品佳，透過股權轉換方式所設的控股公司，後來陸續合併多家電子通路商，逐步擴大公司規模，目前已經躍升為全球第一、亞太區最大的IC通路商。

異業合作（或跨界合作）是指不同行業的企業透過分享自媒體流量或自家產品資源，進而降低成本、提高效率、增強市場競爭力的一種雙贏策略。比如美妝業者與服飾業者合作，或一個消

費品牌跟一個零售通路合作等等。

⭐ 未來思維

在紅皇后的競爭中，為了超越競爭對手，優秀的企業必須貫徹從 A 到 A⁺的續航執行力，必須追求卓越及永續卓越，不斷地刺激進步，要能因應殘酷的現實不斷地修正並維繫永續卓越的途徑，並應極力避免掉入自大自滿的陷阱中。

正如金偉燦（W. Chan Kim）和芮妮・莫伯尼（Renée Mauborgne）在《藍海策略》書中所說的：「沒有永遠卓越的公司，也沒有永遠繁榮的行業。」因此他們認為，最沒前途的是那些不去「無競爭」的藍海裡「創造新的市場空間」，而身陷「紅海」無休無止競爭中的企業。

市場永遠在變動，企業要生存，就必須要擁有未來思維，領導者應設想「十年後要成長成什麼樣子？」接著回推如今該做什麼事，如此便能清楚要優先做什麼。舉例而言，臉書更名為「Meta」、微軟裁撤 Windows 部門，改名、裁撤舉措雷厲風行，是因為企業明白──若只滿足於目前的獲利模式，十年後將被消滅或遭取代。

今日是只要能連上網路就可以購買全世界的商品。消費者

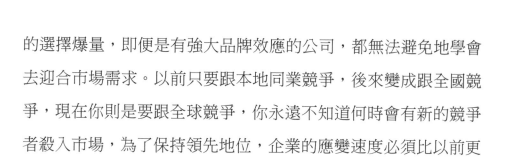

的選擇爆量，即便是有強大品牌效應的公司，都無法避免地學會去迎合市場需求。以前只要跟本地同業競爭，後來變成跟全國競爭，現在你則是要跟全球競爭，你永遠不知道何時會有新的競爭者殺入市場，為了保持領先地位，企業的應變速度必須比以前更快才行。企業要快速發展出「最低可行產品」，並在市場上快速實驗，才有機會成為市場第一。

經營企業的眼光也要放遠，跳脫今天的產品、明天的訂單，要看到後天產業轉型的機會。所有公司要引進新的、改良的產品，要找到新的途徑給客戶帶來價值，要嘗試新的商業模式，所有的這一切都是為了要領先於對手，走在對手之前。

現在的明星產業，隨著科技的發達，明天就可能成為夕陽產業。像過去，上一代認為高速公路的收費員是鐵飯碗，因為高速公路永遠都會存在，而今高速公路的確依然在，但高速公路因為全面電子化收費，收費員已成歷史名詞，但這都是那時的人們憑經驗法則預測不到的。

臺灣科技大學教授盧希鵬提出了企業的「兩條曲線」思維——「每一個企業都會面臨兩條曲線，第一條曲線是『現在的獲利』曲線，是『已知未來』；第二條曲線則是『從未來10年回推到現在』，是『未知未來』。企業必須在最賺錢時，思考第二條曲線。」

就是要領導人先去想像後天必然來臨的場景，大膽回推明天該有的狀態，然後做到超前部署。例如你必須想像淨零碳排時代的來臨，使用骯髒能源支援的產業會全部消失或完全轉型，取而代之的是循環經濟永續發展概念的世界。面對這樣的未來世界，你要怎麼做？你的企業方向要如何去調整與轉型，這樣才能確保你能永遠跑在競爭對手之前。然後在執行的時候，每3~5年根據市場變化做調整及修正，進行果因分析及溯源調校，使其不偏離大局。只有對未來有足夠長的尺度超前部署，並且對於既有優勢能校正回歸，才有機會可以：想得夠遠，不會被市場所淘汰。走得夠穩，隨時調整修正。避免僵化，才能適應任何突發變局。

時時保持動態競爭優勢

★ ★ ★

　　當一家公司的競爭優勢無法持久，就應該及時改變策略，當有些產品因為已經不再有優異的成長潛力，又或是競爭對手已經把它們變成一般的產品了，此時就必須做出割捨。前GE的總裁傑克・威爾許曾說：「如果一樣產品我們無法成為第一或第二，就要退出該市場。」放棄某些領域的產品有時候是必須的。當一家公司慣於持續改變，企業將變得更靈活與穩定。所以，不要怕競爭，因為競爭可以讓你時時警惕自己，同時也表示你的目標市場是值得競逐的。

　　在思考企業生意的未來時，關注最新的科技趨勢與了解你的競爭對手，至關重要。還要真正了解自己的市場，你必須把視野打開，看清一切跟你的市場有關的整體環境。競爭是你來我往的，有動態與相對性，「當我打一拳出去，對手會不會回擊，如何回擊，是打同一部位？還是不同部位？是現在反應？還是以後

反應？」我們要能預測競爭對手的行動與回應，要不斷地自問，是否已經成功辨認出競爭對手、是否真正了解對手，要思考在哪裡競爭、如何競爭以及如何勝出等問題。

如何解讀競爭對手？

分析競爭對手，是為了知悉競爭對手的策略、優勢和弱點，最重要的是還能「藉由分析競爭對手，來掌握自身公司應該做些什麼」。只要知道現在誰在做什麼、沒做什麼，就能明確掌握自己現在應該做什麼，現在和未來可以去發展什麼。

你必須客觀地分析市場，不能一味地只相信你相信的，聽你想聽的。站在對方角度思考是關鍵，你可以從三個面向去落實──視他們為自己的客戶、從他們的角度去看事情、向你的競爭對手學習。

分析競爭對手，請把握以下原則：

首先必須「明確競爭對手是誰」。分析對手的第一步，是先就市場的共同性，以及資源的相似性，界定出競爭者。如銷售類似產品的直接競爭對手，以及用替代產品或服務競逐同一群顧客的間接對手。除了實體店面還有線上的網路商店，目標市場基本上和你相同的，都可以是你的競爭對手。請先列出競爭對手一覽

表，再逐一深入掌握每個競爭對手的優勢與劣勢，以及他們偏好的競爭基礎。並試著分析他們取得市占率的原因，並且分析他們成功的祕訣。透過工具、資訊、數據評估你的競爭對手，了解他們的優劣勢，他們與你的競爭關係為何。透過分析，更能精進你的產品業務，甚至獲得優勢。也可以效法三星的做法是讓公司的中階經理人廣泛地、大量地使用競爭對手的產品，以確保中階經理人能夠深入瞭解對手產品在各個面向上，強過自家產品的優點有哪些。

分析既有的競爭對手非常重要，你可以聚焦在調查和分析以下項目，逐項條列競爭對手各自的優點和缺點。這麼一來，可以了解每家企業的市場地位，並看看在這樣的市場態勢下自己有沒有可以利用的商機。

- 競爭對手產品與服務的成本、產品的價格
- 競爭對手的發展歷程與市場地位
- 競爭對手的目標市場及市佔率幾多少％？
- 競爭對手的品牌及產品的優劣勢
- 競爭對手吸引顧客的原因及客戶體驗
- 競爭對手行銷活動：大小宣傳促銷活動，社群媒體動態
- 競爭對手擁有的特定營運優勢
- 競爭對手成長或衰退的證據

馬太效應

莫菲定理

紅皇后效應

- 競爭對手的知識產權：版權、商標、專利
- 競爭對手的合作對象：同業結盟或異業結盟的對象有誰
- 你的機會：觀察哪些服務是競爭對手的弱項，較不受到市場歡迎，而這部分你可以做得更好

　　透過分析能有助於公司制定到位的行銷策略，維持競爭優勢，發現市場目前供應不足的機會，利用競爭對手的弱點切入市場，擴增市佔率。所以要去思考如何將競爭對手的弱點，轉換成自己的優勢。明確列出自己可以在哪部分和對手競爭，如：價格、產品功能、便捷的購買通路、完善的行銷計畫、專業能力、穩健而受信賴的品牌……等

　　緊接著，就要比較彼此的策略是否在哪裡有所不同，為什麼？預測他們的行為模式並做出更好的商業決策，要從對手的角度來思考，「對手是否覺察到競爭？」、「對手是否有動機競爭？」、「對手是否有能力競爭？」透過這三個問題來分析對手面對我們的競爭是否會採取行動，一般說來，廠商對於直接競爭對手的察覺程度很高，例如，可口可樂與百事可樂，賓士與BMW，對實力差距很大的企業，往往不會投入太大關注。再來分析對方可能會發起什麼樣的攻擊，以及我們要如何因應。例如，可以思考要降低對方的競爭意識，或建立起自己的反擊能

力，就是要讓對方低估你的實力，或高估競爭的困難，而降低回擊意願。如此一來就能為自己爭取建立競爭優勢的時間。

競爭對手的分析必須定期進行，每一季甚至每個月。如果沒有這個過程，你如何能自信地認為你的產品獨一無二呢？如果你不知道對手在做什麼，他們使用什麼策略，你將無法在這場比賽中擊敗他們。唯有這樣才能在自己的業務中找到修正與生存的機會。

要贏，你得就得想到對手接下來的兩步棋，所以你要了解你的競爭對手，要掌握對手動態。

Apple 的 iPhone 一開始推出時並沒有受到主要手機大廠立即而重大的回應，原因並不是沒有察覺，或是沒有能力回應，而是沒有動機去回應。因為當時智慧型手機並不是市場主流，誰也沒想到 iPhone 的問市最後竟打敗了當時的市場龍頭，逼得諾基亞退出市場。要想避免被競爭對手取代或被過往的成就限制，就要應時而變，應目標市場而變，採取一連串的行動以因應市場競爭，「紅皇后效應」指出，企業為了建立競爭優勢而採取的一些行動，並不能讓自己在競爭中真正建立起優勢；但如果這些行動你不做，而你的競爭對手做了，你就會落後並失去競爭優勢，因此你不得不做，而且還要做得比對手又快又好。

當你開始一一檢視你目標市場內所有相關環節，你的視角就

馬太效應

莫菲定理

紅皇后效應

能更跳脫出那些競爭對手與科技趨勢，讓你能更加理解哪裡有機會，而能在一片紅海中找到藍海，甚至進入了黑海！

所以，你準備好要來了解你的市場並且贏過你的競爭對手了嗎？

How & Do
10

要怎麼樣才跑得快，
答案就是輕裝

★ ★ ★

世界變化的腳步越來越快，企業所面臨的外部環境是充滿變化和不確定性，企業要想在快速變化的外部環境中更好地生存下來，需要有極強的應變和適應能力。企業能不能與時俱進？決定未來的成敗！唯有專注面對變動，才能讓企業或團隊跑得比對手更快。

置身在經濟迅猛發展的當下，只有越輕盈、能快速移動、輕裝上路者，才可能有機會勝出，趕得上不斷位移的目標。「變輕」不僅僅是一種選擇，也是一種必然。

也就是說太重的東西不適合現代，最好能夠輕盈地奔跑，你猜世界上最輕的東西是什麼？知識最輕，想法 idea 最輕，品牌最輕，還有網路，所以你要善用所有最輕的東西，你才能跑得快，越重的東西你帶在身上就跑得越慢。

　　面對未來，企業要考量自身規模與定位，如今已不再是衝量、做大就能生存得好，二、三十年前，我們會開車到梧棲的新天地吃古早味的台菜，如今的新天地搶進婚宴會館，但新天地這三年都虧損，或許走原來的小本經營本土路線還能活得比較自在！

　　要追求「成長」，想要實現逆襲，超越對手，就要穩住原有的生意，輕裝上路，要對「笨重」的店鋪進行降本增效，想盡辦法合理地降低成本，省下不必要的開支，將錢花在合理的地方，以此提高店鋪運營效率和效益。跑得比競爭對手快，不被對手搶佔先機，才不會被市場甩在後面。

　　輕不是少，更不是沒有，而是用有限的資產，獲取最大的利益。你如果想創業，你猜最重的東西是什麼，最重的東西是房子，如果你想創業就去買一個房子或租個房子，這是很愚蠢的。你要思考的是如何去增加自己產品或服務的價值。

　　如果每個人都努力跑得更快，你要怎麼做才能比別人還快兩倍？最佳做法就是甩掉身上的累贅物，讓自己更輕盈；同樣地，想在工作上做得比別人更好，最有效的方法就是從原本做法中，剔除沒有價值的部分，以最精實的步驟、最少的資源與時間，達到和別人一樣、甚至更好的品質。

⭐ 創業家兄弟

在台灣電商越往資本大戰傾斜之際，創業家兄弟硬是殺出重圍，令市場矚目。創業家兄弟股份有限公司，在2012年以實收資本額2千萬所成立的公司，旗下營運電商平台有「生活市集」與「松果購物」，是一間成長非常快速的電子商務公司。從投入成本較少的垂直電商切入市場，不同於販賣各式各樣商品的水平電商，垂直電商主要提供某一領域的產品，如生鮮、3C、運動用品等，滿足特定用戶的消費習慣，凸顯平台特色，可以快速建立品牌形象，取得客戶的信任。經營四年期間，先後開設生鮮市集、好吃市集、生活市集、3C市集、松果購物……等多家網購平台，更成功在2016年上櫃，創下台灣電商業最快掛牌上櫃紀錄。而其孕育的平台松果購物，更於2019年底登陸興櫃。

處在電商的紅海市場中，創業家兄弟選擇以「輕資產」作為營運模式，將資源專注於最重要的技術層面，保持速度與彈性，提供給消費者更優化的服務，格外重視科技和使用者行為的改變，擁有高度的市場敏銳度。所以他們總能洞燭機先，每一次佈局都讓其在這個電商龍頭環伺的競爭環境中，保有一席之地。

相較於那些員工動輒千人、資本額逾新台幣10億元的競爭者，創業家兄弟的員工不超過200人、資本額約只有競爭者的五

馬太效應

莫菲定理

紅皇后效應

分之一，正如其董事長郭書齊所言：我們就像一支輕裝上路的野戰部隊。

創業家兄弟營收從0到50億只花了七年，快速成長的秘訣，是模仿Uber和Airbnb輕資產的經營特色。國內的電商龍頭PChome與momo為了搶攻消費者，追求「快速到貨」而積極自蓋倉儲、布建自動化物流及車隊等，投入了大筆資金。而不具資本優勢的創業家兄弟，則仿效Uber和Airbnb的共享經濟模式，善用既存的資源、提升使用率並降低資產成本。創業家的「輕資產」策略，不做大舉擴充，精省固定成本支出，把資源集中在最重要的電子商務網站經營上，將不擅長的倉儲和物流全部委外合作廠商，雖然到貨速度比其他大型電商平台慢，但是運費更低，營運成本也降低，因而能屢創驚人營收，成為電商黑馬！

⭐ 企業輕資產運營是大勢所趨

一般來說，重資產公司核心競爭力在於大規模和高品質資產形成的「贏家通吃」效應，對重資產公司而言，資產規模大小決定了公司市場地位，資產品質高低決定了公司產品競爭力。

輕資產行業是指，投入的資本較少，投入的資本可以快速變現或轉換，資產運營收益率較高，如互聯網平台，不需要投入大

量資本購置廠房和設備；互聯網投入的主要是人才和技術。輕資產行業的核心競爭力大部分來自品牌與技術。以產品型為主的公司，但主要生產製造基本已經外包出去，自身核心競爭力在於技術研發和品牌行銷。而以平台型為主的公司，其核心競爭力在於透過技術和品牌優勢獲取大規模客戶形成壟斷競爭。

企業規模若是「大而全」，將使管理鏈過長，不僅資訊傳遞成本和管理成本會提高，並且不易於適應變化多端的市場，但如果能將部分非核心部門轉移出去或精簡，就能大大提高企業組織的靈活性。

不論是可口可樂、百事可樂還是Apple這些世界級的公司，它們全都是將生產製造委託給別人，外包出去，鞏固自己最強的品牌經營，也就是他們把最輕的東西握在自己手中，最重的委託給別人。

可見，目前輕資產運營是大勢所趨，因為它能達到降低運營成本，輕裝上陣，維持企業的平穩運行。

輕資產運營（Asset-light strategy）最顯著的優點就是能降低生產成本，就是將產品製造和零售分銷業務外包，自身則集中於設計開發和市場推廣等業務；市場推廣主要採用產品明星代言和廣告的方式。將一些重資產環節的生產轉移給更有成本優勢的企業生產，如此不但節約了大量的基建、設備投資，也節省了大

量的人工費用。

　　輕資產運營模式，就是用有限資產獲取最大收益，所以在甩掉龐大的、複雜的製造業務，就更有利於專注核心業務和品牌的建立與發展。可以將一些很難形成明顯競爭力的環節外包，將企業的資金和精力集中於核心業務，如核心技術研發、品牌提升、市場拓展等，以提升企業的的核心競爭力，在激烈的市場競爭中立於不敗之地。輕資產運營的基礎，在於要明確自身的核心專長在哪裡，才能知道該專注什麼、丟棄什麼、運用什麼去擴張。例如，Nike 將生產製造外包，集中整合所有人力、物力、資源，投入到產品設計和市場行銷，使產品設計和品牌行銷，成為公司的兩大核心競爭力。所謂「微笑曲線」的意義也正是在此。

研發&設計　　　　　品牌&通路

附加價值、利潤

價值創造活動

　　品牌是企業最具價值的輕資產。大多成功的低成本擴張，都是品牌引領的輕資產擴張。如可口可樂在全球的上千家罐裝廠、迪士尼分布在全球的主題公園，都是以品牌等無形資產出資與他人組建合資公司發展起來的，擴大了品牌的市場佔有率。此外，像目前很流行的OEM、「代工」，都是品牌商家委託生產廠家為之生產，不僅主導權在品牌企業身上，且大部分的利潤也歸

它，這就是品牌引領型的輕資產運營的魅力之所在。

在歐美國家約有六成以上的企業都採用租賃辦公電腦的方式，他們依靠這種輕資產的辦公模式，降低了企業的資金投入，轉而把更多的資金用於技術的研發和員工的福利上面，從而可以大大提升企業的核心競爭力。以租代買的輕資產運營模式，充分利用他人的資源，能讓企業通過較少的投入，獲得較高的資本回報率，有利於企業快速擴張和跨躍式發展，增強市場應變能力。

以租代買就是輕資產創業的典型方式，企業辦公設備以租賃代替購買，能夠大大降低初期的資金投入。因為企業要經歷從開發、建設生產線、市場推廣等漫長的成長過程，還要面對資金緊張的挑戰。而若能借勢、借力，利用合作夥伴的相關經驗和資金，整合資源，則能大大縮短企業被市場接受的過程，資金壓力也不會那麼大。

想要始終維持輕裝上陣，只要抓住「消除浪費、持續改善」的精神與原則去思考，最有效做法就是先確認哪些東西真正用得到，把不需要的丟掉，保留真正需要的，隨時對現狀保持懷疑、學會面對問題時追根究柢，就能看見問題的核心、改善工作的品質與效率，讓企業組織更靈活，能及時應變市場變化，成為跑得比別人更快兩倍、三倍的領先者。

馬太效應

莫菲定理

紅皇后效應

Plus

11

鯰魚效應：只有競爭才能發展

★ ★ ★

　　什麼是鯰魚效應（Catfish Effect）？挪威人愛吃沙丁魚，尤其是新鮮活魚。然而沙丁魚非常嬌貴，極不適應離開大海後的環境。因此市場上活魚的價格要比死魚高許多，所以挪威漁夫為了不讓剛捕到的沙丁魚因為回程的路途遙遠，活動力下降導致死亡，會在裝沙丁魚的魚槽裡放進了一條生命力旺盛的鯰魚。沙丁魚因為鯰魚這一異己分子的到來，自然會緊張逃竄，產生了危機意識，為了躲避鯰魚而不斷地游動，這樣一來就解決了缺氧的問題，大大提升了存活率。這就是著名的鯰魚效應。在日本捕撈鰻魚時，也是運用放置天敵狗魚的做法，來確保鰻魚上岸後，依然活蹦亂跳。

　　「鯰魚效應」後來延伸為企業藉著引進能力強的人來激勵團隊的競爭力。透過「競爭」與「危機」，激發職場員工的鬥志。

　　「鯰魚效應」和紅皇后效應一樣，告訴我們：競爭使人進

步。要知道動物若是沒有對手，就會懶散衰弱；一個人沒有對手，就會碌碌無為；一個行業沒有對手，就會喪失進取心；一個國家沒有對手，就會停滯不前。羅馬詩人奧維德說：「一匹馬如果沒有另一匹馬緊緊追趕並要超過它，就永遠不會疾馳飛奔。」

梁啟超曾說過：人如逆水行舟，不進則退。如果我們不想被別人所取代，就要比別人更強，付出比別人更多的努力，應該抱著積極進取的心態，把每次的挑戰看作是人生旅途中的一次考驗，把競爭看作是一次改變人生命運的機會。

古人云：生於憂患死於安樂。其實我們就像是被運輸途中的沙丁魚，如果沒了像鯰魚一樣的壓力，慢慢地就會失去從困境中掙扎出來的能力，最後落得個被一口吞噬的下場。競爭對手的出現，會帶給你危機感，令你感受到莫大的生存壓力，當一個人處於壓力狀態時，大腦會極速運轉，會以高於平時的動力去思考，從而去行動，所以說有壓力才有動力，有競爭才會有進步。有的人有著遠大的理想，通過不斷地學習在進步，在突破自己，一次又一次地跳出安逸區，跨過困惑區，一次又一次地迎接新的挑戰。雖然他們每天都很忙碌，但是他們卻過得無比的充實。因為他們一直有目標，有激情，有動力，有拒絕安逸的勇氣！

比如一個部門來了位新員工，經常主動加班且在FB或IG分享假日讀了什麼書、上了什麼培訓課等等。部門領導看到以後，

非常肯定這種好學精神，還頻繁點名表揚這位上進青年，鼓勵其他同事仿效。並且，不到一年，這位新人同事便被領導破例提拔，連續晉升兩個職級，讓其他同仁羨慕不已。於是讓整個部門都在「我不能被比下去，不能掉隊」的心態使然下，紛紛勤奮起來，除了平常工作日大家下班都比晚的之外，還主動在節假日加班。像這樣通過優秀的新血，來激勵原本日漸沉悶的團隊，激發其他員工的好勝心，從而提升團隊整體的戰鬥力。這種被對手啟動的現象就被稱作「鯰魚效應」。

紅皇后告訴我們：要往前走，必須是用比現在高兩倍的速度。面對競爭，勢必要不斷加速學習，必須不停前進、追求新創，否則就會被競爭對手淘汰。於是市場淘汰機制也跟著加速，競爭不斷加遽，也就造成了過度競爭下的內捲現象。

什麼是內捲？可以用一個現象來形容：一群觀眾在電影院規矩地坐在自己的座位上看電影，因為這場電影是免費的，入場觀眾越來越多，電影院的座位又有限，那些原本坐著的觀眾，因為進場觀眾沒座位站著看電影，影響了坐著看電影的人，於是越來越多的人站著看電影，弄到最後，大家都看不到螢幕，只有少數站在前面的人看得到電影。這就是內捲最直白的解釋。

像是完成老師佈置的心得報告，老師要求是寫500字，結果你的同學寫了800字，班長寫了1000字，使同學們之間產生了

鯰魚效應，從而被動內捲，紛紛增加報告字數，引起直接廝殺，因為誰都不願意當不合格的那一位。

又或者像是剛才舉的例子，一個部門因新進員工的上進，面對優秀的新人同事，引發了同部門其他員工也不自覺地開始報培訓班、上各種線上課程，主動加班，就是為了追平落下的差距，漸漸走向內捲化，如果內捲繼續發展下去，就會發現因為競爭條件的越發苛刻，導致付出小於回報。因為大家都加班，所以領導不會因你加班就升你職，你必須在業務表現上更突出，加班時數更多，升職加薪才會輪到你。因為內捲的本質就是資源配置的不均，資源配置的失衡。蛋糕只有那麼大，分蛋糕的人卻越來越多，你必須比一般人能力更強，才能在競爭中獲得更多優勢，而那些能力一般的人，分到的蛋糕註定更小。

在大家能力、資質相當，需求相當，就容易引發非理性競爭，結果成了消耗資源的內鬥。或像是大學，只增加大學的數量是不會啟動鯰魚效應的，只會分散資源，讓台灣的大學平均的國際競爭力就逐漸衰退。

鯰魚效應的優點在於具有激勵作用，能夠提振創新與進步。其缺點是，若過早或引入過多鯰魚，可能打擊團隊的積極性。若引進鯰魚數量過多，刺激過度，可能導致成員不擇手段贏得競爭或是反作用引發消極心態，因組織內捲化而失去努力積極的動

力，而變得消極怠工。

一名創業家曾說：「公司要成長發展，必須保證沒有人在這裡感到安閒舒適。」除了提供穩定的工作環境，適時地注入新血是必須的，包括帶進不同能力特質的成員，激發團隊的憂患意識，點燃他們不想輸的鬥志。同理，藉由引進新制度、技術、設備或管理觀念，例如調整業績獎賞或晉升制度，也能達到激勵效果。

鯰魚效應也廣泛運用在其他領域，大多被用來解釋市場出現新產品時的影響，一如先前 Uber 進入計程車市場，讓同業爭相效仿網路叫車服務，高競爭力、高創新的對手會促成市場新一輪的較量。像是當金融產業進入了成熟期，主管機關就會允許純網銀這個新物種進入金融業，希望能夠刺激傳統銀行打破墨守成規的氛圍，加速進入到新金融的時代。但如果是同意其他更多的傳統銀行新創或廣設分行，這就不是正常的鯰魚效應，只會引進更多的直接廝殺，甚至價格競爭。

一個群體如果沒有對手，就會因相互依賴和潛移默化喪失活力、喪失生機；一個行業如果沒有了對手，就會喪失進取的意志，安於現狀，逐步走向衰亡。

「生於憂患，死於安樂」這句話出於《孟子・告子篇》，在古代孟子早就懂得了「鯰魚效應」。其原文是：「舜發於畎畝之

中，傅說舉於版築之間，膠鬲舉於魚鹽之中，管夷吾舉於士，孫叔敖舉於海，百里奚舉於市。故天將降大任於斯人也，必先苦其心志，勞其筋骨，餓其體膚，空乏其身，行拂亂其所為，所以動心忍性，曾益其所不能。人恒過，然後能改；困於心，衡於慮，而後作；徵於色，發於聲，而後喻。入則無法家拂士，出則無敵國外患者，國恒亡。然後知生於憂患而死於安樂也。」這篇文章通過舜、傅說等古代聖賢在困境中振作精神、奮發努力而終於大有所為的事實，說明一個人想要完成自己的天賦使命，必須經歷種種挫折和考驗，進而分析一個國家的生死存亡亦是如此，最後推出論點「生於憂患而死於安樂」。

什麼叫做「生於憂患而死於安樂」，這是句倒裝句，意思就是「於憂患中生；於安樂中死」，就是我們常常說的待在舒適圈中你很容易就死掉了，當然這個死不是真的死，是心死了或是精神死掉了，所以一定要始終活化你奮鬥的心。所以，危難的環境、危機意識可以變成一種動力，甚至是讓人們更加積極向上的動力。你的對手在看書，你的同事下班去上進修班，隔壁鄰居在練六塊肌，同事在上培訓課，同學在熬夜苦讀……那你呢？我們必須不斷學習，否則我們將被學習者超越，強大自己是解決所有問題的唯一方法。

當企業漸趨穩定，意味著員工已經熟悉執掌業務，工作態度

不免放鬆，久而久之，組織內就會充斥安逸氣氛。這時若主管策略性的對外引進優秀人才，讓原有團隊產生危機感，就會大幅提升團隊戰鬥力。

經營企業想要成功，一定要有競爭對手狠狠地咬著你，或者你狠狠地咬著他，因為危機能刺激成長、有競爭才有進步！如果你這輩子有什麼成就，最應該感謝你的對手而不是朋友，因為有競爭對手狠狠地咬住你、追著你、砥礪著你，最後你才會有進步。

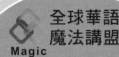

真永是真

指引人生大道的明燈！
真理指引の知識服務

跨時代 ☑
跨領域 ☑
融匯古今 ☑
中西互證 ☑

「真永是真」人生

大道，條條是經典，字字是真
理！王晴天大師率魔法講盟知識服務團隊
精選 999 個真理，打造「真永是真」人生大道叢
書，每一個真理均搭配書籍、視頻、課程等，並融入
了數千本書的知識點、古今中外成功人士的智慧經驗，全體系應用，360 度
全方位學習，讓你化盲點為轉機，為迷航人生提供真確的指引明燈！

1 馬太效應	2 莫菲定律	3 紅皇后效應
4 鯰魚效應	5 達克效應	6 木桶原理
7 長板理論	8 彼得原理	9 帕金森定律
10 沉沒成本	11 沉默效應	12 安慰劑效應
13 內捲漩渦	14 量子糾纏	15 NFT與NFR
16 外溢效果	17 槓鈴原則	18 元宇宙
19 零和遊戲	20 區塊鏈	21 第一性原理
22 二八定律	23 Web3.0	24 催眠式銷售
25 蝴蝶效應	26 破窗理論	27 登門檻效應
28 羊群效應	29 長尾理論	30 路徑依賴法則

333本書　課程講演　影音視頻　999個真理　Mook專書

……共 999 則

真是真永

真讀書會
生日趴＆大咖聚

真讀書會來了！解你的知識焦慮症！

在王晴天大師的引導下，上千本書的知識點全都融入到每一場演講裡，讓您不僅能「獲取知識」，更「引發思考」，進而「做出改變」；如果您想體驗有別於導讀會形式的讀書會，歡迎來參加「真永是真·真讀書會」，真智慧也！

2023 場次	2024 場次
11/4（六）	**11/2（六）**
13:00~21:00	13:00~21:00

立即報名

📍 地點：新店台北矽谷國際會議中心
（新北市新店區北新路三段 223 號捷運大坪林站）

★ 超越《四庫全書》的「真永是真」人生大道叢書 ★

	中華文化瑰寶 清《四庫全書》	當代華文至寶 真永是真人生大道	絕世歷史珍寶 明《永樂大典》
總字數	8 億 勝	6 千萬字	3.7 億
冊數	36,304 冊 勝	333 冊	11,095 冊
延伸學習	無	視頻＆演講課程 勝	無
電子書	有	有 勝	無
NFT＆NFR	無	有 勝	無
實用性	有些已過時	符合現代應用 勝	已失散
叢書完整與可及性	收藏在故宮	完整且隨時可購閱 勝	大部分失散
可讀性	艱澀的文言文	現代白話文，易讀易懂 勝	深奧古文
國際版權	無	有 勝	無
歷史價值	1782 年成書	2023 年出版 勝 最晚成書，以現代的視角、觀點撰寫，最符合趨勢應用，後出轉精！	1407 年完成 勝 成書時間最早，珍貴的古董典籍。

> 「真永是真」人生大道叢書，將是史上最偉大的知識服務智慧型工程！堪比《四庫全書》、《永樂大典》，收錄的是古今通用的道理，具實用性跨界整合的智慧，絕對值得典藏！

學習領航家——
📹 新絲路視頻

讓你一饗知識盛宴，偷學大師真本事！

活在資訊爆炸的 21 世紀，
你要如何分辨看到的是資訊還是垃圾謠言？
成功者又是如何在有限時間內，
從龐雜的資訊中獲取最有用的知識？

巨量的訊息帶來新的難題，📹新絲路視頻 讓你睜大雙眼，從另一個角度理解世界，看清所有事情真相，培養視野、養成觀點！

師法大師的思維，長知識、不費力！

📹新絲路視頻重磅邀請台灣最有學識的出版之神——王晴天博士主講，有料會寫又能說的王博士憑著扎實學識，被朋友喻為台版「羅輯思維」，他不僅是天資聰穎的開創者，同時也是勤學不倦，孜孜矻矻的實踐家，再忙碌，每天必撥時間學習進修。

❶ 歷史真相系列　　　❺ 改變人生的 10 個方法
❷ 說書系列　　　　　❻ 真永是真真讀書會
❸ 文化傳承與文明之光　❼ 魔法 VB & 區塊鏈・元宇宙
❹ 寰宇時空史地　　　　　打造自動賺錢機器

一同與王博士探討古今中外歷史、文化及財經商業等議題，有別於傳統主流的思考觀點，不只長知識，更讓你的知識升級，不再人云亦云。

📹新絲路視頻於 YouTube 及台灣視頻網站、各大部落格及土豆、騰訊、網路電台……等皆有發布，邀請你一同成為知識的渴求者，跟著📹新絲路視頻偷學大師的成功真經，開闊新視野、拓展新思路、汲取新知識。

2023世界華人八大明師高峰會

新趨勢｜新商機｜新布局｜新人生

八大盛會廣邀夢幻及魔法級導師傾囊相授，
各領域權威傳授**實戰·實效·實用**的創業 BM，
助您打造自動賺機器，一舉掌握低風險成功創業之鑰！

**免費入坐一般席，
邀請您一同躍進BI勝利組！**

🕐 時間：2023年 **10/21、10/22**
　　　9：00 ～ 17：00

📍 地點：**新店台北矽谷**
（新北市新店區北新路三
段 223 號大坪林站）

報名請掃碼

加價 1,000 元入座VIP席
享 **尊爵級數萬元贈品**

贈 **VIP 桌椅座席，結識大咖人脈**

贈 **價值 3 萬元的創業、創富寶典**
《HOW TO打造自動賺錢機器》

贈 **11/11、11/12、11/25、11/26**
BU 四日班：
無敵談判＋轉介紹絕學

立即訂位，保留VIP 席位！

2023 亞洲·世華八大名師高峰會

6/10、6/11
10/21、10/22

創業培訓高峰會，錢進元宇宙·區塊鏈·NFT，
高CP值的創業機密，讓您跨界創富！

新趨勢
新商機
新布局
新人生

☐ **亞洲八大名師高峰會**
　時間▶2023 年 6/10、6/11
　每日上午 9 點到下午 5 點

☐ **世界華人八大明師**
　時間▶2023 年 10/21、10/22
　每日上午 9 點到下午 5 點

地點▶新店台北矽谷（新北市新店區北新路三段 223 號 大坪林站）

更多詳細資訊請洽 (02) 8245-8318 或上 silkbook com www.silkbook.com 查詢